想象之外·品质文字

北京领读文化传媒有限责任公司　出品

生生死死

周作人 鲁迅 梁实秋 等 著

陈平原 编

北京时代华文书局

图书在版编目（CIP）数据

生生死死 / 陈平原编．—北京：北京时代华文书局，2018.5

ISBN 978-7-5699-2344-5

Ⅰ．①生… Ⅱ．①陈… Ⅲ．①散文集－中国－现代②散文集－中国－当代 Ⅳ．①I266

中国版本图书馆CIP数据核字（2018）第070385号

生生死死

SHENGSHENGSISI

编　　者｜陈平原
著　　者｜周作人 鲁迅 梁实秋 等

出 版 人｜王训海
选题策划｜领读文化
责任编辑｜孟繁强
装帧设计｜领读文化
责任印制｜刘　银

出版发行｜北京时代华文书局 http://www.bjsdsj.com.cn
北京市东城区安定门外大街136号皇城国际大厦A座8楼
邮编：100011　电话：010－64267955　64267677
印　　刷｜北京金特印刷有限责任公司
（如发现印装质量问题，请与印刷厂联系调换）
开　　本｜880mm×1230mm　1/32　印　　张｜10　字　　数｜192千字
版　　次｜2018年6月第1版　印　　次｜2018年6月第1次印刷
书　　号｜ISBN 978-7-5699-2344-5
定　　价｜49.80元

|再 记|

转眼间，十三年过去了。眼看复旦大学版“漫说文化丛书”售罄，“领读文化”的康君再三怂恿，希望重刊这套很有意义的小书。

只要版权问题能解决（此次重刊，删去个别版权无法落实的），让旧书重新焕发青春，何乐而不为？更何况，康君建议请专业人士朗读录音，转化为二维码，随书付印，方便通勤路上或厨房里忙碌的诸君随时倾听。

某种意义上，科技正在改变国人的阅读习惯，一个明显的例子，便是“听书”成了时尚。对于传统中国文人来说，这或许是一种新的挑战。可对于现代中国散文来说，却是歪打正着。因为，无论是胡适的“国语的文学，文学的国语”，还是周作人的“有雅致的白话文”，抑或叶圣陶的主张“作文”如“写话”，都是强调文字与声音的紧密联系。

不仅看起来满纸繁花，意蕴宏深，而且既“上口”，又“入耳”，兼及声调和神气，这样的好文章，在“漫说文化丛书”中比比皆是。

如此说来，“旧酒”与“新瓶”之间的碰撞与对话，很可能产生绝妙的奇幻效果。

2018年3月21日于京西圆明园花园

|序|

陈平原

据说，分专题编散文集我们是始作俑者，而且这一思路目前颇能为读者接受，这才真叫“无心插柳柳成荫”。当初编这套丛书时，考虑的是我们自己的趣味，能否畅销是出版社的事，我们不管。并非故示清高或推卸责任，因为这对我们来说纯属“玩票”，不靠它赚名声，也不靠它发财。说来好玩，最初的设想只是希望有一套文章好读、装帧好看的小书，可以送朋友，也可以搁在书架上。如今书出得很多，可真叫人看一眼就喜欢，愿把它放在自己的书架上随时欣赏把玩的却极少。好文章难得，不敢说“野无遗贤”，也不敢说入选者皆“字字珠玑”，只能说我们选得相当认真，也大致体现了我们对20世纪中国散文的某些想法。“选家”之事，说难就难，说易就易，这点如鱼饮水，冷暖自知。

记得那是1988年春天，人民文学出版社约我编林语堂散文集。此前我写过几篇关于林氏的研究文章，编起来很容易，可就是没兴致。偶然说起我们对20世纪中国散文的看法，以及分专题编一套小书的设想，没想到出版社很欣赏。这样，1988年暑假，钱理群、黄子平和我三人，又重新合作，大热天闷在老钱那间10平方米的小屋里读书，先拟定体例，划分专题，再分头选文；读到出乎意料之外的好文章，当即“奇文共欣赏”；不过也淘汰了大批徒有虚名的“名作”。开始以为遍地黄金，捡不胜捡；可沙里淘金一番，才知道好文章实在并不多，每个专题才选了那么几万字，根本不够原定的字数。开学以后又泡图书馆，又翻旧期刊，到1989年春天才初步编好。接着就是撰写各书的前言，不想随意敷衍几句，希望能体现我们的趣味和追求，而这又是颇费斟酌的事。一开始是“玩票”，越做越认真，变成撰写20世纪中国散文史的准备工作。只是因为突然的变故，这套小书的诞生小有周折。

对于我们三人来说，这迟到的礼物，最大的意义是纪念当初那愉快的学术对话。就为了编这几本小书，居然“大动干戈”，脸红耳赤了好几回，实在不够洒脱。现在回想起来，确实有点好笑。总有人问，你们三个弄了大半天，就编了这几本小书，值得吗？我也说不清。似乎做学问有时也得讲兴致，不能老是计算“成本”和“利润”。惟一有点遗憾的是，书出得不如以前想象的那么好看。

这套小书最表面的特征是选文广泛和突出文化意味，而其根本则是我们对“散文”的独特理解。从章太炎、梁启超一直选到汪曾祺、贾平凹，这自然是与我们提出的“20世纪中国文学”概念密切相关。之所以选入部分清末民初半文半白甚至纯粹文言的文章，目的是借此凸现20世纪中国散文与传统散文的联系。鲁迅说五四文学发展中“散文小品的成功，几乎在小说戏曲和诗歌之上”（《小品文的危机》），原因大概是散文小品稳中求变，守旧出新，更多得到传统文学的滋养。周作人突出明末公安派文学与新文学的精神联系

(《杂拌儿跋》和《中国新文学的源流》)，反对将五四文学视为欧美文学的移植，这点很有见地。但如以散文为例，单讲输入的速写(Sketch)、随笔(Essay)和“阜利通”(Feuilleton)固然不够，再搭上明末小品的影响也还不够；魏晋的清谈，唐末的杂文，宋人的语录，还有唐宋八大家乃至“桐城谬种选学妖孽”，都曾在本世纪的中国散文中产生过遥远而深沉的回音。

面对这一古老而又生机勃勃的文体，学者们似乎有点手足无措。五四时输出“美文”的概念，目的是想证明用白话文也能写出好文章。可“美文”概念很容易被理解为只能写景和抒情；虽然由于鲁迅杂文的成就，政治批评和文学批评的短文，也被划入散文的范围，却总归不是嫡系。世人心目中的散文，似乎只能是风花雪月加上悲欢离合，还有一连串莫名其妙的比喻和形容词，甜得发腻，或者借用徐志摩的话：“浓得化不开”。至于学者式重知识重趣味的疏淡的闲话，有点苦涩，有点清幽，虽不大容易为入世未深的青年所欣赏，却更得中国古代散文的神韵。不只是逃避过分华丽的辞藻，也不只是落笔时的自然大方，这种雅致与潇洒，更多的是一种心态、一种学养，一种无以名之但确能体会到的“文化味”。比起小说、诗歌、戏剧来，散文更讲浑然天成，更难造假与敷衍，更依赖于作者的才情、悟性与意趣——因其“技术性”不强，很容易写，但很难写好，这是一种“看似容易成却难”的文体。

选择一批有文化意味而又妙趣横生的散文分专题汇编成册，一方面是让读者体会到“文化”不仅凝聚在高文典册上，而且渗透在日常生活中，落实为你所熟悉的一种情感，一种心态，一种习俗，一种生活方式；另一方面则是希望借此改变世人对散文的偏见。让读者自己品味这些很少写景”也不怎么“抒情”的“闲话”，远比给出一个我们认为准确的“散文”定义更有价值。

当然，这只是对20世纪中国散文的一种读法，完全可以有另外的眼光另外的读法。在很多场合，沉默本身比开口更有力量，空白也比文字更能说明问题。细心的读者不难发现我们淘汰了不少名家名作，这可能会引起不少人的好奇和愤怒。无意故作惊人之语，只不过是忠实于自己的眼光和趣味，再加上“漫说文化”这一特殊视角。不敢保证好文章都能入选，只是入选者必须是好文章，因为这毕竟不是以艺术成就高低为惟一取舍标准的散文选。希望读者能接受这有个性有锋芒因而也就可能有偏见的“漫说文化”。

1992年9月8日于北大

扫一扫，
♫ 收听有声版

附记

旧书重刊，是大好事，起码证明自己当初的努力不算太失败。十五年后翩然归来，依照惯例，总该有点交代。可这“新版序言”，起了好几回头，全都落荒而逃。原因是，写来写去，总摆脱不了十二年前那则旧文的影子。

因为突然的情事变故，这套书的出版略有耽搁——前五本刊行于1990年，后五本两年后方才面世。以当年的情势，这套无关家国兴亡的“闲书”，没有胎死腹中，已属万幸。更让我们感到欣慰的是，这十册小书出版后，竟大获好评，获得首届（1992）新闻出版署直属出版社优秀图书选题一等奖。我还因此应邀撰写了这则刊登在1992年11月18日《北京日报》上的《漫说“漫说文化”》。此文日后收入湖南教育出版社版《漫说文化》（1997）和北京大学出版社版《二十世纪中国文学三人谈·漫说文化》（2004），流传甚广。与其翻来覆去，车轱辘般说那么几句老话，还不如老老实实地引入这则旧文，再略加补正。

从书出版后，记得有若干书评，多在叫好的同时，借题发挥。这其实是好事，编者虽自有主张，但文章俱在，读者尽可自由驰骋。一套书，能引起大家的阅读兴趣，让其体悟到“另一种散文”的魅力，或者关注“日常”与“细节”，落实“生活的艺术”，作为编者，我们于愿足矣。

这其中，惟一让我们很不高兴的是，香港勤+缘出版社从人民文学出版社购得该丛书版权，然后大加删改，弄得面目全非，惨不忍睹。刚出了一册《男男女女》，就被我们坚决制止了。说来好笑，虽然只是编的书，也都像对待自家孩子一样，不希望被人肆意糟蹋。

也正因此，每当有出版社表示希望重刊这套丛书时，我们的要求很简单：保持原貌。因为，这代表了我们那个时候的眼光与趣味，从一个侧面凸现了神采飞扬的八十年代，其优长与局限具有某种“史”的意义。很感谢复旦大学出版社，除了体谅我们维护原书完整性的苦心，还答应帮助解除人文版印刷不够精美的遗憾。

2005年4月13日于京西圆明园花园

| 导 读 |

陈平原

一

不知天下是否真有齐死生因而超死生的至人；即便此等与造化为一的至人，恐怕也无法完全不考虑死生问题。“生而不说，死而不祸，知终始之不可故也”（《庄子·秋水》），也还是因知觉生命而顺应生命。怕不怕死是一回事，想不想死、说不说死又是一回事。古今中外确实真有因各种原因而不怕死者，可除了傻瓜，有谁从不考虑死生问题？“死去何所道，托体同山阿”（陶渊明），“生时不须歌，死时不须哭”（王梵志），此类哲人诗句固是极为通脱豁达，只是既如是，又何必老把生死挂在嘴上？可见说是忘却生死，其实谈何容易。

毕竟死生事大，人类最难摆脱的诱惑，或许就是生的欲望和死的冥想。而这两者又是如此紧密地联系在一起，以至谈生不忘说死，说死就是谈生。死生殊途，除了寓言家和诗人，谁也不会真的把死说成生或把生当作死。问题是死必须用生来界说，生也只有靠死才能获得定义。在物理意义上，既生则非死，既死则非生；可在哲学意义上，却是无生即无死，无死即无生。因此，了解生就是了解死，反之亦然。故孔子曰："未知生，焉知死"（《论语·先进》）；程子曰："知生之道，则知死矣"（《二程集·粹言·论道篇》）。

人掌握不了死，可掌握得了生，这是一方面；人不可能知道生之所来，可清醒地意识到死之将至，这又是一方面。依据前者，应着重谈生；依据后者，则不妨论死。实际结果则是谈生中之死（死的阴影、死的足音）与死中之生（生之可爱、生之美丽）。

单纯赞颂青春之美丽、生命之可贵，当然也可以；不过，只有在面对死亡的威胁时，这一切的意义才真正显示出来。死促使人类认真思考生命的价值以及人作为人的本质规定。一个从不思考死的人，不可能真正理解人生，也不可能获得深刻的启悟。所有的宗教家、哲学家、文学家，在他们思考世界、思考存在时，都不可能不直面"死亡"这一无情的事实，有时这甚至就是思考的基点和灵感。在此意义上，"死"远比"生"深刻。不妨颠倒孔夫子的名言：未知死，焉知生？

文人多感伤，在生死话题上，自然更偏于后者。像何其芳那样称"我能很美丽地想着'死'"者（《独语》），或者像梁遇春那样颇为幽默地将"人生观"篡改为"人死观"者（《人死观》），在文人中并不罕见。只是喜欢谈论死神那苍白而凄美的面孔者，未必真颓废，也未必真悲观。把人的一生说成是不断地逃避死神的追逐，固然残忍了些；可比起幻想白日飞升长生不老，或者靠"万全的爱，无限的结合"来超越生死（冰心《"无限之生"的界线》），还是更能为常人所接受。重要的是如何摆脱恐怖，在那神秘的叩门声传来之前，尽情享受人生的乐趣。在这里，作家们的妙语，有时与宗教家的祷告、心理分析家的谈语很难区分清楚：都不过是提供一种精神慰藉。只是话可能说得漂亮些，且更带情感色彩。

“生”的价值早为常人所确认，需要论证的是“死”的意义。不是“杀身成仁”或者“舍身饲虎”的伦理意义，而是作为生命自然终止的“死”的正面价值。在肯定生的同时肯定死，表面似乎有点逻辑矛盾；其实不然，之所以肯定死原是因其有利于生。不过如今真信不死药者已不多，即便达官贵胄，也只能如齐景公临国城而流涕：“奈何去此堂堂之国而死乎？”（《晏子春秋》）正因为死亡不可避免，方才显示生命之可贵可爱。倘若真能长生不老，恐怕世人将会加倍憎恶生之单调乏味空虚无聊——神仙境界也未必真的那么值得羡慕。周作人曾引十四世纪的日本和尚兼好法师的隽语：“人生能够常住不灭，恐世间将更无趣味。人世无常，或者正是很妙的事罢”（《笠翁与兼好法师》）；而十八世纪的中国文人钱咏也有过类似的说法：“生而死，死而生，如草木之花，开开谢谢，才有理趣。”（《履园丛话·神仙》）用一种超然的眼光来观赏人生，才能领略生死交替中的“趣味”与“理趣”。

人生一世，当然不只是鉴赏他人和自己的生生死死，更不是消极地等待死神的来临。就像唐弢笔下那死亡之国里不屈的灵魂，“我不怕死”，可我更“执着于生”；只要生命之神“还得继续给予人类以生命”，“我要执着于生”（《死》）。在死亡威胁的背景下执着于生，无疑颇有一种悲壮的色彩，也更能激动人心振奋斗志，故郁达夫将此归结为死亡的正面价值：“因感到了生也有涯，而知也无涯之故，加紧速力去用功做事业的人也不在少数，这原是死对人类的一种积极的贡献。”（《说死以及自杀情死之类》）

话是这么说，世人还是怕死的多。对于常人，没必要探究怕死到底是贪恋快乐还是舍不得苦辛，也没心思追问死后到底是成仙还是做鬼，只是记得这一点就够了："大约我们还只好在这容许的时光中，就这平凡的境地中，寻得必须的安闲悦乐，即是无上幸福。"（周作人《死之默想》）

二

正因为生命是如此美好、如此值得留恋，人类才如此看重死亡，看重关于死亡的仪式。生命属于我们只有一次，同样，死亡属于我们也只有一次，实在不容等闲视之。古人讲礼，以丧祭为重点，不是没有道理的；正是在丧祭二礼中，生死之义得到最充分的表现。故荀子曰："礼者，谨于治生死者也。"（《荀子·礼论》）

死人有知无知，死后是鬼非鬼，这于丧祭二礼其实关系不大。墨翟批评儒家"执无鬼而学祭祀"（《墨子·公孟》），恰恰说到了儒家的好处。照儒家的说法，生人注重丧礼和祭礼，并非为了死者的物质享受，而是为了生者的精神安慰。既不忍心祖先或亲友就这样永远消失，靠丧祭来沟通生死人鬼，使生命得到延伸；也不妨理解为借丧祭标明生死之大限，提醒生者珍惜生命，完成生命。就好像佛教主张护生，实是为了护心；儒家主张重死，实是为了重生。"事死如生，事亡如存"（《荀子·礼论》），关键在于生者的感觉，死者并没有什么收益。说丧祭之礼是做给生人看，虽语含讥讽，却也是大实话。只是丧祭之礼之所以不可废，一是"人情而已矣"（《礼记·问丧》），一是"慎终追远，民德归厚矣"（《论语·学而》）。借用毛泽东《为人民服务》中的话，一是"用这样的方法寄托我们的哀思"，一是"使整个人民团结起来"。前者注重其中个体的感受，后者则突出其在群体生活中的意义。后世谈丧祭者，也多从这两方面立论。

儒家由注重丧祭之礼而主张厚葬，这固然可使个体情感得到满足，却因此“多埋赋财”，浪费了大量人力物力，影响了社会生产力的发展。墨子有感于儒家的“厚葬靡财而贫民”，故主张“节财薄葬”（《淮南子·要略》），虽有利于物质生产，可似乎过分轻视了人的精神感受。将厚葬薄葬之争归结为“反映阶级之分而外，还表现了唯心与唯物这两种世界观的对立”（廖沫沙《身后事该怎么办？》），难以令人完全信服。现代人容易看清厚葬以及关于丧祭的繁文缛节的荒谬，落笔行文不免语带嘲讽；可难得体察这些仪式背后隐藏的颇为深厚的“人情”。夏丏尊讥笑送殡归途即盘算到哪里看电影的友人，真的应了陶渊明的说法“亲戚或余悲，他人亦已歌”（《送殡的归途》）；袁鹰则挖苦披麻戴孝“泣血稽颡”的儿女们，“有点悲伤和凄惶是真的，但又何尝不在那儿一边走一边默默地计算着怎样多夺点遗产呢”（《送葬的行列》）。至于烧冥屋、烧纸钱及各种纸制器物的习俗，则被茅盾和叶圣陶作为封建迷信批判，以为如此“多方打点，只求对死者‘死后的生活’有利”，未免愚昧荒唐（《冥屋》、《不甘寂寞》）。其实古人早就意识到死后生活的虚妄，之所以还需要这些象征性的生活用具，只不过是用来表达生者的愿望和情感。《礼记·檀弓》称：“孔子谓为明器者，知丧道矣，备物而不可用也。”“备物”见生者之感情，“不可用”见生者之理智。反之，“不备物”则死者长已生者无情，“备物而可用”则生者徒劳死者无益。

当然，世人中真正领悟这些丧祭仪式的精神内涵者不多，黎民百姓颇有信以为真或逢场作戏者。千载以下，更是仪式徒存而人心不古。在接受科学思想不信鬼神的现代人看来，不免徒添笑料。可是，我以为，可以嘲笑愚昧麻木的仪式执行者，而不应该责备仪式本身——在种种现代人眼中荒诞无稽的仪式后面，往往蕴藏着先民们的大慈悲，体现真正的人情美。也就是周作人说的：“我们知道这是迷信，我确信这样虚幻的迷信里也自有美与善的分子存在。”（《唁辞》）体验这一切，需要同情心，也需要一种距离感。对于执着于社会改造者，民众之不觉悟与葬仪之必须改革，无疑更是当务之急，故无暇考虑仪式中积淀的情感，这完全可以理解。不过，颂扬哲人风度，提倡豁达的生死观，并不意味着完全不要丧祭之礼。具体的仪式当然应该改革，可仪式背后的情感却不应该丢失。胡适主张删除“古丧礼遗下的种种虚伪仪式”和“后世加入的种种野蛮迷信”，这样做的目的不是完全忘却死者，而是建立一种“近于人情，适合现代生活状况的丧礼”（《我对于丧礼的改革》）。

对于那些辛苦一场然后飘然远逝的先人们，生者难道不应该如李健吾所描述的，“为了获得良心上的安息，我们把虔敬献给他们的魂灵”？（《大祭》）表达感情或许还在其次，更重要的是生者借此理解人类的共同命运并获得一种真正的慈悲感与同情心。当年冯至在异国山村记录的四句墓碣诗，其实并不如他说的那般“简陋”，甚至可以作为整个人类丧祭礼仪的象征：

一个过路人，不知为什么
走到这里就死了
一切过路人，从这里经过
请给他作个祈祷

（《山村的墓碣》）

三

将人生比作旅途，将死亡作为旅行的终结，这比喻相当古老。既然死亡的阴影始终笼罩着整个旅行，可见死不在生之外，而是贯穿于生之中。因此，当我们热切希望了解应该如何去“生”时，就不能不涉及怎样去“死”。

人们来到世间的途径千篇一律，离开世间的方法却千差万别。这不能不使作家对死亡的方式感兴趣。周作人把世间死法分为两类，一曰“寿终正寝”，包括老熟与病故；一曰“死于非命”，包括枪毙、服毒等等（《死法》）。两相比较，自是后者更值得文人费口舌。因前者早在意料之中，就好像蹩脚的戏剧一样，还没开幕，已知结局，没多少好说的；后者则因其猝不及防，打断现成思路，颇有点陌生化效果。还有一点，前者乃人类的共同命运，超越时空的限制：唐朝人这么死，现代人也这么死；西洋人这么死，中国人也这么死。最多用寿命的长短或死前苦痛与否来论证医学的发展，此外还能说什么？后者可就不一样了，这里有历史的、民族的、文化的各种因素，足可作一篇博士论文。

在“死于非命”中，又可分出自杀与他杀两类。从鲁迅开始，现代小说家喜欢描写杀人及看杀人的场面，尤其突出愚昧的世人在欣赏他人痛苦中流露出来的嗜血欲望。现代散文中也有此类控诉与批判，像周作人的《关于活埋》、聂绀弩的《怀〈柚子〉》、靳以的《处决》，都表示了对人性丧失的忧虑。五四新文化运动的一个主要理论成果就是人的觉醒，可心灵的麻痹、感情的粗暴岂是几篇文章就能扭转的？但愿能少一点“爱杀人的人”，也少一点“爱看杀人的人”，则中华民族幸甚！

“他杀”如果作为一种文化现象，理论价值不大。因被杀者的意愿不起作用，主要考察对象是杀人者。这主要是个政治问题，作家没有多少发言权。不若“自杀”，既有环境的因素，又有自身的因素，可以作为一种真正的文化现象来考察。这就难怪现代作家多对后者感兴趣。

自杀之值得研究，不在于其手段的多样（吞金服毒、上吊自沉等等），而在于促成自杀的原因复杂以及评价的分歧。对于绝大多数苟活于世间的人来说，自是愿意相信自杀是一种罪恶，这样可以减轻自身忍辱负重的痛苦，为继续生存找到根据。对于以拯救天下生灵为己任的宗教家来说，自杀起码也是人生的歧途。倘若人人都自行处理生命，还要他救世主干吗？而对于社会改革家来说，自杀体现了意志薄弱：“我们既然预备着受种种痛苦，经种种困难，又为什么要自杀呢？”（瞿秋白《林德扬君为什么要自杀呢？》）当然，也有另一种声音，强调自杀作为人与生俱来的权利，将理想的实现置于个体生存之上，主张“不自由毋宁死”，而鄙视“好死不如赖活着”。

不过，在二十世纪的中国，尽管也有文人礼赞自杀，可仔细辨认，都带有好多附加条件。瞿秋白称“自由神就是自杀神”，因为自杀“这要有何等的决心，何等的勇敢，又有了何等的快乐”；有此念头，就不难“在旧宗教，旧制度，旧思想的旧社会里杀出一条血路”（《自杀》）。李大钊称青年自杀的流行“是青年觉醒的第一步，是迷乱社会颓废时代里的曙光一闪”，但结论还是希望青年“拿出自杀的决心，牺牲的精神，反抗这颓废的时代文明，改造这缺陷的社会制度，创造一种有趣味有理想的生活”（《青年厌世自杀问题》）。瞿、李二君实际上都是借自杀强调人的精神价值，是一种反抗社会的特殊姿态，乃积极中之积极，哪里谈得上厌世？

在本世纪的中国，发生过好些次关于自杀的讨论；其中分别围绕三个自杀者（陈天华、梁巨川、阮玲玉）而展开的讨论尤其值得注意。讨论中既有相当严谨的社会学论文（如陶履恭的《论自杀》和陈独秀的《自杀论——思想变动与青年自杀》），也有不拘一格的散文小品——由于本书的体例关系，后者更使我感兴趣。

1905年底，留日学生陈天华鉴于国事危急而民众麻木，为“使诸君有所警动”，毅然投海自尽。死前留下《绝命辞》一通，期望民众因而“坚忍奉公，力学爱国”。其时舆论普遍认为陈氏自杀是一种悲烈的壮举，整个知识界都为之震动，对唤起民众确实起了很大作用，故成为近代史上一件大事。

1918年深秋，六十老人梁巨川留下《敬告世人书》，在北京积水潭投水而死。遗书称其自杀既殉清朝也殉道义，希望以此提倡纲常名教，救济社会堕落。此事也曾轰动一时。因其自言“系殉清朝而死也”，遗老遗少们自是拍手叫好；新文化阵营里则大多持批评态度。不过，也有像陈独秀那样，否定其殉清，但肯定其以身殉道的精神（《对于梁巨川先生自杀之感想》）。

1935年，电影明星阮玲玉自杀身亡，遗书中没有以一死唤醒民众的警句，而只是慨叹“人言可畏”。因其特殊身份，阮氏自杀更是成为特大新闻。在一片喧腾声中，不乏小市民“观艳尸”的怪叫和正人君子“自杀即偷安失职”的讨伐。于是，鲁迅等人不得不站出来为死者辩护，反对此类专门袒护强权而欺负弱者的“大人先生”。

从世纪初梁启超称“凡能自杀者，必至诚之人也”（《饮冰室自由书·国民之自杀》），到对陈天华自杀的众口称颂，再到对梁巨川自杀的评说纷纭，再到对阮玲玉自杀的横加指责，再到七十年代统称一切自杀为“自绝于人民”、“死有余辜”，几十年间中国人对自杀的看法变化何其迅速。这一变化蕴涵的文化意义确实发人深思。说不清是中国人日益重视生命的价值呢，还是中国人逐渐丧失选择的权利。近年虽有不少诗文小说为特殊政治环境下的自杀平反；可作为一种精神文化现象，自杀仍然没有得到很好的研究。

四

用断然的手段自行终止生命，在一般情况下自是不宜提倡。人生虽说难免一死，生命毕竟还是如此苍凉而又如此美丽。一味欣赏“死”当然是病态，只会赞叹生则又嫌稚气。不说生死齐观，只要求用一种比较超然的眼光鉴赏生也鉴赏死。而这，似乎更吻合中年人的心态。在青年人那里，生的意志占绝对优势，基本不考虑死的问题。在老年人那里，死的冥想占绝对优势，尽管生的愿望仍很强烈。只有在中年人那里，“生”、“死”打了个平手，故态度比较客观。

比起宋元明清文人，这个世纪的中国作家确实多点青春气息。不说推崇少年赞美青春的诸多名篇，也不说老夫聊发少年狂，自把八十当十八的“豪言壮语”，最值得注意的还是由已届中年的作家写作的描述中年人心态的文章。因为“一个生命会到了‘只是近黄昏’的时节，落霞也许会使人留恋、惆怅”（冰心《霞》），再豁达的人也无法为之辩解。硬要说“既不知‘老去’，也不必‘悲秋’”（王了一《老》），总觉得有点矫情。而古往今来，骚人墨客关于老死的吟咏，也就那么几句话，颠来倒去，变不出什么新花样。

中年可就不一样，古人对人生这一盛衰交界的重要阶段似乎不大在意。杜牧诗云“只言旋老转无事，欲到中年事更多”（《樊川外集·书怀》），金圣叹文曰“人生三十而未娶，不应更娶；四十而未仕，不应更仕”（《第五才子书施耐庵水浒传·序》），都只是朦胧意识到中年乃是人生转折点，却并未加以认真界定和论述。有一点值得注意，丰子恺等人关于中年人心态的描述，是在西方文化背景下展开的。还不是指文中征引“人生四十才开始”之类的西谚，而在于没有晚清以来新学之士之颂扬青春与生命，并抨击中国人的早衰心态，就没有现代作家笔下充满诗意的“中年”。

缺乏少年的朝气，也缺乏老人的智慧，可中年人的平淡，中年人的忧郁，中年人的宽容与通达，都自有一种独特的魅力。一切都显得那么和谐，那么从容不迫，以至你一不留神，几乎觉察不到它的存在，似乎人生就这样从青年急转直下，一夜之间进入老年。说消极点，中年是人生必不可少的缓冲带，使生命的变化显得更为理智更可理解，免得情感上接受不了那突如其来的衰老。说积极点，则中年兼有青年与老年的长处，是人生最成熟的阶段。作家们不约而同地用秋天来比喻中年，实在是再恰当不过的了。以四季喻人生，中年确实“没有春天的阳气勃勃，也没有夏天的炎烈迫人，也不像冬天之全入于枯槁凋零”。故林语堂称其偏爱秋是因为“秋是代表成熟，对于春天之明媚娇艳，夏日之茂密浓深，都是过来人，不足为奇了”（《秋天的况味》）。只是话不能说得太满，不能靠抑春夏来扬秋冬。还是苏雪林说得实在些：“踏进秋天园林，只见枝头累累，都是鲜红，深紫，或黄金色的果实，在秋阳里闪着异样的光。……但你说想欣赏那荣华绚烂的花时，哎，那就可惜你来晚了一步，那只是春天的事啊！”（《中年》）在苏雪林以及丰子恺、俞平伯、叶圣陶、梁实秋谈论中年的文章里，都取一种低调，略带自我调侃的味道，确实讲出了中年人的可爱又可悲，可敬又可怜的秋天般的心境。

又是一个不约而同，不少作家把人生比作登山，中年就是登上山顶略事休息徘徊的那一刹那。此前是“快乐地努力地向前走”，此后则“别有一般滋味”的“想回家”（俞平伯《中年》）；此前是“路上有好多块绊脚石，曾把自己磕碰得鼻青脸肿”，此后则“前面是下坡路，好走得多”（梁实秋《中年》）。“下坡路”也罢，“想回家”也罢，都是一种过来人的心态。一切都不过如此，没什么稀奇的，不值得大惊小怪，也不值得苦苦追求。“到了这样年龄，什么都经历过了，什么味都尝过了，什么都看穿看透了。现实呢，满足了。希望呢，大半渺茫了。”（苏雪林《中年》）如此说来，中年人的平淡豁达，其实也蕴涵着几分无可奈何的颓唐。

与其硬着头皮为“中年”争分数，不如切实冷静地分析人到中年生理上、心理上、情感上、理智上发生的一系列变化。既能赏识其已经到来的成熟，也不掩盖其即将出现的衰老。若如是，对人生真义或许会有较为深入的领悟。

一九九〇年七月二日于京西畅春园

扫一扫，
♫ 收听有声版

目　录
contents

扫一扫，
收听有声版♫

“无限之生”的界线

冰 心

我独坐在楼廊上，凝望着窗内的屋子。浅绿色的墙壁，赭色的地板，几张椅子和书桌；空沉沉的，被那从绿罩子底下发出来的灯光照着，只觉得凄黯无色。

这屋子，便是宛因和我同住的一间宿舍。课余之暇，我们永远是在这屋里说笑，如今宛因去了，只剩了我一个人了。

她去的那个地方，我不能知道，世人也不能知道，或者她自己也不能知道。然而宛因是死了，我看见她病的，我看见她的躯壳埋在黄土里的，但是这个躯壳能以代表宛因么！

屋子依旧是空沉的，空气依旧是烦闷的，灯光也依旧是惨绿的。我只管坐在窗外，也不是悲伤，也不是悚惧；似乎神经麻木了，再也不能迈步进到屋子里去。

死呵，你是一个破坏者，你是一个大有权威者！世界既然有了生物，为何又有你来摧残他们，限制他们？无论是帝王，是英雄，是……一遇见你，便立刻撇下他一切所有的，屈服在你的权威之下。无论是惊才，绝艳，丰功，伟业，与你接触之后，不过只留下一抔黄土！

我想到这里，只觉得失望，灰心，到了极处！——这样的人生，有什么趣味？纵然抱着极大的愿力，又有什么用处？又有什么结果？到头也不过是归于虚空，不但我是虚空，万物也是虚空。

漆黑的天空里，只有几点闪烁的星光，不住的颤动着。树叶楂楂槭槭的响着。微微的一阵槐花香气，扑到阑边来。

我抬头看着天空，数着星辰，竭力的想慰安自己。我想：——何必为死者难过？何必因为有“死”就难过？人生世上，劳碌辛苦的，想为国家，为社会，谋幸福；似乎是极其壮丽宏大的事业了。然而造物者凭高下视，不过如同一个蚂蚁，辛辛苦苦的，替他同伴驮着粟粒一般。几点的小雨，一阵的微风，就忽然把他渺小之躯，打死，吹飞。他的工程，就算了结。我们人在这大地上，已经是像小蚁微尘一般，何况在这万星团簇，缥缈幽深的太空之内，更是连小蚁微尘都不如了！如此看来，……都不过是昙花泡影，抑制理性，随着他们走去，就完了！何必……

想到这里，我的脑子似乎胀大了，身子也似乎起在空中。勉强定了神，往四围一看：——我依旧坐在阑边，楼外的景物，也一切如故。原来我还没有超越到世外去，我苦痛已极，低着头只有叹息。

一阵衣裳綷縩的声音，仿佛是从树杪下来，——接着有微渺的声音，连连唤道："冰心，冰心！"我此时昏昏沉沉的，问道："是谁？是宛因么？"她说："是的。"我竭力的抬起头来，借着微微的星光，仔细一看，那白衣飘举，荡荡漾漾的，站在我面前的，可不是宛因么！只是她全身上下，显出一种庄严透彻的神情来，又似乎不是以前的宛因了。

我心里益发的昏沉了，不觉似悲似喜的问道："宛因，你为何又来了？你到底是到哪里去了？"她微笑说："我不过是越过'无限之生的界线'就是了。"我说："你不是……"她摇头说："什么叫做'死'？我同你依旧是一样的活着，不过你是在界线的这一边，我是在界线的那一边，精神上依旧是结合的。不但我和你是结合的，我们和宇宙间的万物，也是结合的。"

我听了她这几句话，心中模模糊糊的，又像明白，又像不明白。

这时她朗若曙星的眼光，似乎已经历历的看出我心中的癥结，便问说："在你未生之前，世界上有你没有？在你既死之后，世界上有你没有？"我这时真不明白了，过了一会，忽然灵光一闪，觉得心下光明朗澈，欢欣鼓舞的说："有，有，无论是生前，是死后，我还是我，'生'和'死'不过都是'无限之生的界线'就是了。"

她微笑说："你明白了，我再问你，什么叫作'无限之生'？"我说："'无限之生'就是天国，就是极乐世界。"她说："这光明神圣的地方，是发现在你生前呢？还是发现在你死后呢？”我说：“既然生前死后都是有我，这天国和极乐世界，就说是现在也有，也可以的。”

她说：“为什么现在世界上，就没有这样的地方呢？”我仿佛应道：“既然我们和万物都是结合的，到了完全结合的时候，便成了天国和极乐世界了，不过现在……”她止住了我的话，又说：“这样说来，天国和极乐世界，不是超出世外的，是不是呢？”我点了一点头。

她停了一会，便说：“我就是你，你就是我，你我就是万物，万物就是太空：是不可分析，不容分析的。这样——人和人中间的爱，人和万物，和太空中间的爱，是昙花么？是泡影么？那些英雄，帝王，杀伐争竞的事业，自然是虚空的了。我们要奔赴到那‘完全结合’的那个事业，难道也是虚空的么？去建设‘完全结合’的事业的人，难道从造物者看来，是如同小蚁微尘么？”我一句话也说不出来，只含着快乐信仰的珠泪，抬头望着她。

她慢慢的举起手来，轻裾飘扬，那微妙的目光，悠扬着看我，琅琅的说：“万全的爱，无限的结合，是不分生——死——人——物的，无论什么，都不能抑制摧残他，你去罢，——你去奔那‘完全结合’的道路罢！”

这时她慢慢的飘了起来，似乎要乘风飞举。我连忙拉住她的衣角说，“我往哪里去呢？那条路在哪里呢？”她指着天边说，“你迎着他走去罢。你看——光明来了！”

轻软的衣裳，从我脸上拂过。慢慢的睁开眼，只见地平线边，漾出万道的霞光，一片的光明莹洁，迎着我射来。我心中充满了快乐，也微微的随她说道："光明来了！"

一九二〇年九月四日

（选自《冰心文集》第三卷，上海文艺出版社1984年版）

别话

扫一扫，
♫ 收听有声版

许地山

素辉病得很重，离她停息的时候不过是十二个时辰了。她丈夫坐在一边，一手支颐，一手把着病人底手臂，宁静而恳挚的眼光都注在她妻子底面上。

黄昏底微光一分一分地消失，幸而房里都是白的东西，眼睛不至于失了它们底辨别力。屋里底静默，早已布满了死底气色；看护妇又不进来，她底脚步声只在门外轻轻地蹀过去，好像告诉屋里底人说："生命底步履不望这里来，离这里渐次远了。"

强烈的电光忽然从玻璃泡里底金丝发出来。光底浪把那病人底眼睑冲开。丈夫见她这样，就回复他底希望，恳挚地说："你——你醒过来了！"

素辉好像没听见这话，眼望着他，只说别的。她说："嗳，珠儿底父亲，在这时候，你为什么不带她来见见我？”

“明天带她来。”

屋里又沉默了许久。

“珠儿底父亲哪，因为我身体软弱、多病的缘故，教你牺牲许多光阴来看顾我，还阻碍你许多比服事我更要紧的事。我实在对你不起。我底身体实不容我……”

“不要紧的，服事你也是我应当做的事。”

她笑，但白的被窝中所显出来的笑容并不是欢乐底标识。她说：“我很对不住你，因为我不曾为我们生下一个男儿。”

“哪里的话！女孩子更好。我爱女的。”

凄凉中底喜悦把素辉身中预备要走的魂拥回来。她底精神似乎比前强些，一听丈夫那么说，就接着道：“女的本不足爱：你看许多人——连你——为女人惹下多少烦恼！……不过是——人要懂得怎样爱女人，才能懂得怎样爱智慧。不会爱或拒绝爱女人的，纵然他没有烦恼，他是万灵中最愚蠢的人。珠儿底父亲，珠儿底父亲哪，你佩服这话么？”

这时，就是我们——旁边底人——也不能为珠儿底父亲想出一句答辞。

“我离开你以后，切不要因为我就一辈子过那鳏夫底生活。你必要为我的缘故，依我方才的话爱别的女人。”她说到这里把那只几乎动不得的右手举起来，向枕边摸索。

“你要什么？我替你找。”

“戒指。”

丈夫把她底手扶下来，轻轻在她枕边摸出一只玉戒指来递给他。

“珠儿底父亲，这戒指虽不是我们订婚用的，却是你给我的；你可以存起来，以后再给珠儿底母亲，表明我和她的连属。除此以外，不要把我底东西给她，恐怕你要当她是我；不要把我们底旧话说给她听，恐怕她要因你底话就生出差别心，说你爱死的妇人甚于爱生的妻子。”她把戒指轻轻地套在丈夫左手底无名指上。丈夫随着扶她的手与他底唇边略一接触。妻子对于这番厚意，只用微微睁开的眼睛看着他。除掉这样的回报，她实在不能表现什么。

丈夫说：“我应当为你做的事，都对你说过了。我再说一句，无论如何，我永久爱你。”

“咦，再过几时，你就要把我底尸体扔在荒野中了！虽然我不常住在我底身体内，可是人一离开，再等到什么时候，在什么地方才能互通我们恋爱底消息呢？若说我们将要住在天堂的话，我想我也永无再遇见你的日子，因为我们底天堂不一样。你所要住的，必不是我现在要去的。何况我还不配住在天堂？我虽不信你底神，我可信你所信的真理。纵然真理有能力，也不为我们这小小的缘故就永远把我们结在一块。珍重罢，不要爱我于离别之后。”

丈夫既不能说什么话，屋里只可让死底静寂占有了。楼底下恍惚敲了七下自鸣钟。他为尊重医院底规则，就立起来，握着素辉底手说：“我底命，再见罢，七点钟了。”

"你不要走，我还和你谈话。"

"明天我早一点来，你累了，歇歇罢。"

"你总不听我底话。"她把眼睛闭了，显出很不愿意的样子。丈夫无奈，又停住片时，但她实在累了，只管躺着，也没有什么话说。

丈夫轻轻蹑出去。一到楼口，那脚步又退后走，不肯下去。他又蹑回来，悄悄到素辉床边，见她显着昏睡的形态。枯涩的泪点滴不下来，只挂在眼睑之间。

（选自《许地山选集·上卷》，人民文学出版社1982年版）

死之默想

扫一扫，
♫ 收听有声版

周作人

四世纪时希腊厌世诗人巴拉达思作有一首小诗道：

（Polla laleis, anthrope–Palladas）
“你太饶舌了，人呵，不久将睡在地下；
住口罢，你生存时且思索那死。”

这是很有意思的话。关于死的问题，我无事时也曾默想过，（但不坐在树下，大抵是在车上，）可是想不出什么来，——这或者因为我是个“乐天的诗人”的缘故吧。但其实我何尝一定崇拜死，有如曹慕管君，不过我不很能够感到死之神秘，所以不觉得有思索十日十夜之必要，于形而上的方面也就不能有所饶舌了。

窃察世人怕死的原因，自有种种不同，“以愚观之”可以定为三项，其一是怕死时的苦痛，其二是舍不得人世的快乐，其三是顾虑家族。苦痛比死还可怕，这是实在的事情。十多年前有一个远房的伯母，十分困苦，在十二月底想投河寻死，（我们乡间的河是经冬不冻的，）但是投了下去，她随即走了上来，说是因为水太冷了。有些人要笑她痴也未可知，但这却是真实的人情。倘若有人能够切实保证，诚如某生物学家所说，被猛兽咬死痒苏苏地很是愉快，我想一定有许多人裹粮入山去投身饲饿虎的了。可惜这一层不能担保，有些对于别项已无留恋的人因此也就不得不稍为踌躇了。

顾虑家族，大约是怕死的原因中之较小者，因为这还有救治的方法。将来如有一日，社会制度稍加改良，除施行善种的节制以外，大家不问老幼可以各尽所能，各取所需，凡平常衣食住，医药教育，均由公给，此上更好的享受再由个人的努力去取得，那么这种顾虑就可以不要，便是夜梦也一定平安得多了。不过我所说的原是空想，实现还不知在几十百千年之后，而且到底未必实现也说不定，那么也终是远水不救近火，没有什么用处。比较确实的办法还是设法发财，也可以救济这个忧虑。为得安闲的死而求发财，倒是很高雅的俗事；只是发财大不容易，不是我们都能做的事，况且天下之富人有了钱便反死不去，则此亦颇有危险也。

人世的快乐自然是很可贪恋的，但这似乎只在青年男女才深切的感到，像我们将近“不惑”的人，尝过了凡人的苦乐。此外别无想做皇帝的野心，也就不觉得还有舍不得的快乐。我现在的快乐只是想在闲时喝一杯清茶，看点新书（虽然近来因为政府替我们储蓄，手头只有买茶的钱），无论他是讲虫鸟的歌唱，或是记贤哲的思想，古今的刻绘，都足以使我感到人生的欣幸。然而朋友来谈天的时候，也就放下书卷，何况“无私神女”（Atropos）的命令呢？我们看路上许多乞丐，都已没有生人乐趣，却是苦苦的要活着，可见快乐未必是怕死的重大原因：或者舍不得人世的苦辛也足以叫人留恋这个尘世罢。讲到他们，实在已是了无牵挂，大可“来去自由”，实际却不能如此，倘若不是为了上边所说的原因，一定是因为怕河水比彻骨的北风更冷的缘故了。

对于“不死”的问题，又有什么意见呢？因为少年时当过五六年的水兵，头脑中多少受了唯物论的影响，总觉得造不起“不死”这个观念来，虽然我很喜欢听荒唐的神话。即使照神话故事所讲，那种长生不老的生活我也一点儿都不喜欢。住在冷冰冰的金门玉阶的屋里，吃着五香牛肉一类的麟肝凤脯，天天游手好闲，不在松树下着棋，便同金童玉女厮混，也不见得有什么趣味，况且永远如此，更是单调而且困倦了。又听人说，仙家的时间是与凡人不同的，诗云“山中方七日，世上已千年，”所以烂柯山下的六十年在棋边只是半个时辰耳，哪里会有日子太长之感呢？但是由我看来，仙人活了二百万岁也只抵得人间的四十春秋，这样浪费时间无裨实际的生活，殊不值得费尽了心机去求得他；倘若二百万年后劫波到来，就此溘然，将被五十岁的凡夫所笑，较好一点的还是那西方凤鸟（Phoinix）的办法，活上五百年，便尔蜕去，化为幼凤，这样的轮回倒很好玩的，——可惜他们是只此一家，别人不能仿作。大约我还只好在这被容许的时光中，就这平凡的境地中，寻得些须的安闲悦乐，即是无上幸福；至于“死后，如何？”的问题，乃是神秘派诗人的领域，我们平凡人对于成仙做鬼都不关心，于此自然就没有什么兴趣了。

（选自《雨天的书》，岳麓书社1987年版）

唁 辞

扫一扫，

♫ 收听有声版

周作人

昨日傍晚，妻得到孔德学校的陶先生的电话，只是一句话，说：“齐可死了——”齐可是那边的十年级学生，听说因患胆石症（？）往协和医院乞治，后来因为待遇不亲切，改进德国医院，于昨日施行手术，遂不复醒。她既是校中的高年级生，又天性豪爽而亲切，我家的三个小孩初上学校，都很受她的照管，好像是大姊一样，这回突然死别，孩子们虽然惊骇，却还不能了解失却他们老朋友的悲哀，但是妻因为时常往学校也和她很熟，昨日闻信后为茫然久之，一夜都睡不着觉，这实在是无怪的。

死总是很可悲的事，特别是青年男女的死，虽然死的悲痛不属于死者而在于生人。照常识看来，死是还了自然的债，与生产同样地严肃而平凡，我们对于死者所应表示的是一种敬意，犹如我们对于走到标竿下的竞走者，无论他是第一着或是中途跌过几交而最终走到。在中国现在这样的状况之下，“死之赞美者”（Peisithanatos）的话未必全无意义，那么“年华虽短而忧患亦少”也可以说是好事，即使尚未能及未见日光者的幸福。然而在死者纵使真是安乐，在生人总是悲痛。我们哀悼死者，并不一定是在体察他灭亡之苦痛与悲哀，实在多是引动追怀，痛切地发生今昔存殁之感。无论怎样地相信神灭，或是厌世，这种感伤恐终不易摆脱。日本诗人小林一茶在《俺的春天》里记他的女儿聪女之死，有这几句：

“……她遂于六月二十一日与蕣华同谢此世。母亲抱着死儿的脸荷荷的大哭，这也是难怪的了。到了此刻，虽然明知逝水不归，落花不再返枝，但无论怎样达观，终于难以断念的，正是这恩爱的羁绊。诗曰，

露水的世呀，
虽然是露水的世，
虽然是如此。”

虽然是露水的世，然而自有露水的世的回忆，所以仍多哀感。美忒林克在《青鸟》上有一句平庸的警句曰“死者生存在活人的记忆上。”齐女士在世十九年，在家庭学校，亲族友朋之间，当然留下许多不可磨灭的印象，随在足以引起悲哀，我们体念这些人的心情，实在不胜同情，虽然别无劝慰的话可说。死本是无善恶的，但是它加害于生人者却非浅鲜，也就不能不说它是恶的了。

我不知道人有没有灵魂，而且恐怕以后也永不会知道，但我对于希冀死后生活之心情觉得很能了解。人在死后倘尚有灵魂的存在如生前一般，虽然推想起来也不免有些困难不易解决，但因此不特可以消除灭亡之恐怖，即所谓恩爱的羁绊也可得到适当的安慰。人有什么不能满足的愿望。辄无意地投影于仪式或神话之上，正如表示在梦中一样。传说上李夫人杨贵妃的故事，民俗上童男女死后被召为天帝侍者的信仰，都是无聊之极思，却也是真的人情之美的表现：我们知道这是迷信，我确信这样虚幻的迷信里也自有美与善的分子存在。这于死者的家人亲友是怎样好的一种慰藉，倘若他们相信——只要能够相信，百岁之后，或者乃至梦中夜里，仍得与已死的亲爱者相聚，相见！然而，可惜我们不相应地受到了科学的灌洗，既失却先人可祝福的愚蒙，又没有养成画廊派哲人（Stoics）的超绝的坚忍，其结果是恰如牙根里露出的神经，因了冷风热气随时益增其痛楚。对于幻灭的现代人之遭逢不幸，我们于此更不得不特别表示同情之意。

我们小女儿若子生病的时候，齐女士很惦念她；现在若子已经好起来，还没有到学校去和老朋友一见面，她自己却已不见了。日后若子回忆起来时，也当永远是一件遗恨的事吧。

（选自《雨天的书》，岳麓书社1987年版）

扫一扫，
收听有声版♫

笠翁与兼好法师

周作人

章实斋是一个学者，然而对于人生只抱着许多迂腐之见，如在《妇学篇书后》中所说者是。李笠翁当然不是一个学者，但他是了解生活法的人，决不是那些朴学家所能企及（虽然有些重男轻女的话也一样不足为训）。《笠翁偶集》卷六中有这一节：

“人问，‘执子之见，则老子不见可欲使心不乱之说不几谬乎？’

“予曰，‘正从此说参来，但为下一转语：不见可欲使心不乱，常见可欲亦能使心不乱。何也？人能屏绝嗜欲，使声色货利不至于前，则诱我者不至，我自不为人诱。——苟非入山逃俗，能若是乎？使终日不见可欲而遇之一旦，其心之乱也十倍于常见可欲之人，不如日在可欲中与此辈习处，则司空见惯浑闲事矣，心之不乱不大异于不见可欲而忽见可欲之人哉！老子之学，避世无为之学也；笠翁之学，家居有事之学也。’……”

这实在可以说是性教育的精义。“老子之学”终于只是空想，勉强做去，结果是如圣安多尼的在埃及荒野上胡思乱想，梦见示巴女王与魔鬼，其心之乱也十倍于常人。余澹心在《偶集》序上说，“冥心高寄，千载相关，深恶王莽王安石之不近人情，而独爱陶元亮之闲情作赋，”真是极正确的话。

兼好法师是一个日本的和尚，生在十四世纪前半，正当中国元朝，作有一部随笔名《徒然草》，其中有一章云：

“倘若阿太志野之露[①]没有消时，鸟部山[②]之烟也无起时，人生能够常住不灭，恐世间将更无趣味。人世无常，或者正是很妙的事罢。

“遍观有生，唯人最长生。蜉蝣及夕而死，夏蝉不知春秋。倘若优游度日，则一岁的光阴也就很是长闲了。如不知厌足，那么虽过千年也不过一夜的梦罢。在不能常住的世间，活到老丑，有什么意思？‘寿则多辱。’即使长命，在四十以内死了，最为得体。过了这个年纪，便将忘记自己的老丑，想在人群中胡混，到了暮年还爱恋子孙，希冀长寿得见他们的繁荣：执着人生，私欲益深，人情物理都不复了解，至可叹息。”

---

① 阿太志野是墓地之名。

② 鸟部山为火葬场所在地。

这位老法师虽是说着佛老的常谈，却是实在了解生活法的。曹慕管是一个上海的校长，最近在《时事新报》上发表一篇论吴佩孚的文章，这样说道：

“关为后人钦仰，在一死耳。……吴以上将，位居巡帅，此次果能一死，教育界中拜赐多矣。”

死本来是众生对于自然的负债，不必怎样避忌，却也不必怎样欣慕。我们赞成兼好法师老而不死很是无聊之说，但也并不觉得活满四十必须上吊，以为非如此便无趣味。曹校长却把死（自然不是寿终正寝之类）看得珍奇，仿佛只要一个人肯“杀身成仁”，什么政治教育等事都不必讲，便能一道祥光，立刻把人心都摆正，现出一个太平世界。这种死之提倡，实在离奇得厉害。查野蛮人有以人为牺牲祈求丰年及种种福利的风俗，正是同一用意。然在野蛮人则可，以堂堂校长而欲牺牲吴上将以求天降福利于教育界，则“将何以训练一般之青年也乎，将何以训练一般之青年也乎！”

（选自《雨天的书》，岳麓书社1987年版）

人死观

扫一扫，
♫ 收听有声版

梁遇春

恍惚前二三年有许多学者热烈地讨论人生观这个问题，后来忽然又都搁笔不说，大概是因为问题已经解决了罢！到底他们的判决词是怎么样，我当时也有些概念，可惜近来心中总是给一个莫名其妙不可思议的烦闷罩着，把学者们拼命争得的真理也忘记了。这么一来，我对于学者们只可面红耳热地认做不足教的蠢货；可是对于我自己也要找些安慰的话，使这彷徨无依黑云包着的空虚的心不至于再加些追悔的负担。人生观中间的一个重要问题不是人生的目的么？可是我们生下来并不是自己情愿的，或者还是万不得已的，所以小孩一落地免不了娇啼几下。既然不是出自我们自己意志要生下来的，我们又怎么能够知道人生的目的呢？湘鄂的土豪劣绅给人拿去游街，他自己是毫无目的，并且他也未必想去明白游街的意义。小河是不得不流自然而然地流着，它自身却什么意义都没有，虽然它也曾带瓣落花到汪洋无边的海里，也曾带爱人的眼泪到他的爱人的眼前。勃浪宁把我们比做大匠轮上滚成的花瓶。我客厅里有一个假康熙彩的大花瓶，我对它发呆地问它的意义几百回，它总是呆呆地站着，说不出一句话来。但是我却知道花瓶的目的同用处。人生的意义，或者只有上帝才晓得吧！还有些半疯不疯的哲学家高唱“人生本无意义，让我们自己做些意义。”梦是随人爱怎么做就怎么做的，不过我想梦最终脱不了是一个梦罢，黄粱不会老煮不熟的。

生不是由我们自己发动的，死却常常是我们自己去找的。自然在世界上多数人是“寿终正寝”的，可是自杀的也不少，或者是因为生活的压迫，也有是怕现在的快乐不能够继续下去而想借死来消灭将来的不幸，像一对夫妇感情极好却双双服毒同尽的（在嫖客娼妓中间更多），这些人都是以口问心，以心问口商量好去找死的。所以死对他们是有意义的，而且他们是看出些死的意义的人。我们既然在人生观这个迷园里走了许多，何妨到人死观来瞧一瞧呢。可惜“君子见其生不忍见其死”，所以学者既不摇旗呐喊在前，高唱各种人死观的论调，青年们也无从追随奔走在后。“天下兴亡，匹夫有责”，因此我做这部人死观，无非出自抛砖引玉的野心，希望能够动学者的心，对人死观也在切实研究之后，下个放之四海而皆准的判断。

若使生同死是我们的父母——不，我们不这样说，我们要征服自然——若使生同死是我们的子女，那么死一定会努着嘴抱怨我们偏心，只知道“生”不管“死”，一心一意都花在生上面。真的，不止我们平常时都是想着生。Hazlitt 死时候说“好吧！我有过快乐的一生。”（well, I've had a happy life,）他并没想死是怎么一回事。Charlotte Bronte 临终时候还对她的丈夫说：“呵，我现在是不会死的，我会不会吗？上帝不至于分开我们，我们是这么快乐。”（Oh! I am not going to die，am I? He will not separate us, we have been so happy.）这真是不到黄河心不死。为什么我们这么留恋着生，不肯把死的神秘想一下呢？并且有时就是正在冥想死的伟大，何曾是确实把死的实质拿来咀嚼，无非还是向生方面着想，看一下死对于生的权威。做官做不大，发财发不多，打战打败仗，于是乎叹一口气说：“千古英雄同一死！”和“自古皆有死，莫不饮恨而吞声，任他生前何等威风赫赫，死后也是一样的寂寞”。这些话并不是真的对于死有什么了解，实在是怀着嫉妒，心惦着生，说风凉话，解一解怨气。在这里生对死，是借他人之纸笔，发自己之牢骚。死是在那里给人利用做抓爆栗子的猫脚爪，生却嬉皮涎脸地站在旁边受用。让我翻一段 Sir W. Raleigh 在《世界史》（*The History of the World*）里的话来代表普通人对于死的观念罢。

“只有死才能够使人了解自己，指示给骄傲人看他也不过是个普通人，使他厌恶过去的快乐；他证明富人是个穷光蛋，除拥塞在他口里的沙砾外，什么东西对他都没有意义；当他举起他的镜在绝色美人面前，她们看见承认自己的毛病同腐朽。呵！能够动人，公平同有力的死呀，谁也不能劝服的你能够说服；谁也不敢想做的事，你做了；全世界所谄媚的人，你把他掷在世界以外，看不起他：你曾把人们的一切伟大，骄傲，残忍，雄心集在一块，用小小两个字‘躺在这里’盖尽一切。”

这里所说的是平常人对于死的意见，不过用伊利沙伯时代文体来写壮丽点，但是我们若使把它细看一番，就知道里头只含了对生之无常同生之无意义的感慨，而对着死国里的消息并没有丝毫透露出来。所以倒不如叫做生之哀辞，比死之冥想还好些。一般人口头里所说关于死的思想，剥蕉抽茧看起来，中间只包了生的意志，那里是老老实实的人死观呢。

庸人不足论，让我们来看一看沉着声音，两眼渺茫地望着青天的宗教家的话。他们在生之后编了一本《续编》，天堂地狱也不过如此如此。生与死给他们看来好似河岸的风景同水中反映的影景一样，不过映在水中的经过绿水特别具一种缥缈空灵之美。不管他们说的来生是不是镜花水月，但是他们所说死后的情形太似生时，使我们心中有些疑惑。因为若使死真是不过一种演不断的剧中一会的闭幕，等会笛鸣幕开，仍然续演，那么死对于我们绝对不会有这么神秘似的，而幽明之隔，也不至于到现在还没有一线的消息。科学家对死这问题，含糊说了两句不负责任的话，而科学家却常常仍旧安身立命于宗教上面。而宗教家对死又是不敢正视，只用着生的现象反映在他们西洋镜，做成八宝楼台。说来说去还在执着人生观，用遁辞来敷衍人死观。

还有好多人一说到死就只想将死时候的苦痛。George Gissing 在他的

《草堂随笔》（*The Private Papers of Henry Ryrcroft.*）说生之停止不能够使他恐怖，在床上久病却使他想起会害怕。当该萨 Caesar 被暗杀前一夕，有人问那种死法最好，他说“要最仓猝迅速的。”（That which should be most sudden!）疾病苦痛是生的一部分，同死的实质满不相干。以上这两位小窃军阀说的话还是人生观，并不能对死有什么真了解。

为什么人死观老是不能成立呢？为什么谁一说到死就想起生，由是眼睛注着生噜噜哧哧说一阵遁辞，而不抓着死来考究一下呢？约翰生（Johnson）曾对（Beswell）说："我们一生只在想离开死的思想。"（The whole of life is but keeping away the thought of death.）死是这么一个可怕着摸不到的东西，我们总是设法回避它，或者将生死两个意义混起，做成一种骗自己的幻觉。可是我相信死绝对不是这么简单乏味的东西。Andreyev 是窥得点死的意义的人。他写 *Lazarus* 来象征死的可怕，写《七个缢死的人》（*The seven that were hanged*）来表示死对于人心理的影响。虽然这两篇东西我们看着都会害怕，它们中间都有一段新奇耀目的美。Christina Rossetti, Edgar Allan Poe, Ambrose Bierce 同 Lord Dunsang 对着死的本质也有相当的了解，所以他们著作里面说到死常常有种凄凉灰白色的美。有人解释 Andreyev，说他身旁四面都被围墙围着，而在好多墙之外有一个一切墙的墙——那就是死。我相信在这一切墙的墙外面有无限的风光，那里有说不出的好境，想不来的情调。我们对生既然觉得二十四分的单调同乏味，为什么不勇敢地放下一切对生留恋的心思，深深地默想死的滋味。压下一切懦弱无用的恐怖，来对死的本体睇着细看一番。我平常看到骸骨总觉有一种不可名言的痛快，它是这么光着，毫无所怕地站在你面前。我真想抱着它来探一探它的神秘，或者我身里的骨，会同它有共鸣的现象，能够得到一种新的发现。骸骨不过是死宫的门，已经给我们这种无量的欢悦，我们为什么不漫步到宫里，看那千奇万怪的建筑呢。最少我们能够因此遁了生之无聊 ennui 的压迫，De Quincy 只将“猝死”“暗杀”……当作艺术看，就现出了一片瑰奇伟丽的境界。何况我们把整个死来默想着呢？来，让我们这会死的凡人来客观地细玩死的滋味；我们来想死后灵魂不灭，老是这么活下去，没有了期的烦恼；再让我们来细味死后什么都完了，就归到没有了的可哀；永生同灭绝是一个极有趣味的 dilemma，我们尽可和死亲昵着，赞美这个 dilemma 做得这么完美无疵，何必提到死就两对牙齿打战呢？人生观这把戏，我们玩得可厌了，换个花头吧，大家来建设个好好的人死观。

在 Carlyle 的 *The life of John Sterling* 中有一封 Sterling 在病快死时候写给 Carlyle 的信，中间说：

“它（死）是很奇怪的东西，但是还没有旁观者所觉得的可悲的百分之一。”

“It is all very strange, but not one hundredth part so sad as it seems to the standers-by.”

十六年八月三日于福州 Sweet Home

（选自《春醪集》，上海北新书局1930年版）

独 语

扫一扫，
♫ 收听有声版

何其芳

设想独步在荒凉的夜街上，一种枯寂的声响固执地追随着你，如昏黄的灯光下的黑色影子，你不知该对它珍爱还是不能忍耐了：那是你脚步的独语。

人在孤寂时常发出奇异的语言，或是动作。动作也是语言的一种。

决绝地离开了绿蒂的维特①，独步在阳光与垂柳的堤岸上，如在梦里。诱惑的彩色又激动了他作画家的欲望，遂决心试卜他自己的命运了。他从衣袋里摸出一把小刀子，从垂柳里掷入河水中。他想：若是能看见它的落下他就将成功一个画家，否则不。那寂寞的一挥手使你感动吗？你了解吗？

---

① 这实际是指歌德。下面的故事是从一本歌德的传记里读到的。

我又想起了一个西晋人物，他爱驱车独游，到车辙不通之处就痛哭而返。

绝顶登高，谁不悲慨地一长啸呢？是想以他的声音填满宇宙的寥阔吗？等到追问时怕又只有沉默地低首了。我曾经走进一个古代的建筑物，画檐巨柱都争着向我有所诉说，低小的石栏也发出声息，像一些坚忍的深思的手指在上面呻吟，而我自己倒成了一个化石了。

或是昏黄的灯光下，放在你面前的是一册杰出的书，你将听见里面各个人物的独语。温柔的独语，悲哀的独语，或者狂暴的独语。黑色的门紧闭着：一个永远期待的灵魂死在门内，一个永远找寻的灵魂死在门外。每一个灵瑰是一个世界，没有窗户。而可爱的灵魂都是倔强的独语者。

我的思想倒不是在荒野上奔驰。有一所落寞的古老的屋子，画壁漫漶，阶石上铺着白藓，像期待着最后的脚步：当我独自时我就神往了。

真有这样一个所在，或者是在梦里吗？或者不过是两章宿昔嗜爱的诗篇的糅合，没有关联的奇异的糅合：幔子半掩，地板已扫，死者的床榻上长春藤影在爬；死者的魂灵回到他熟悉的屋子里，朋友们在聚餐，嬉笑，都说着“明天明天”，无人记起“昨天”。

这是颓废吗？我能很美丽地想着“死”，反不能美丽地想着“生”吗？

我何以又太息：“去者日以疏，生者日以亲”？是慨叹着我被人忘记了，还是我忘记了人呢？

“这里是你的帽子”，或是“这里是你的纱巾，我们出去走走吧”，我还能说这些惯口的句子。而我那有温和的沉默的朋友，我更记起他：他屋里有一个古怪的抽屉，精致的小信封，装着丁香花，或是不知名的扇形的叶子，像为着分我的寂寞而展示他温柔的记忆。墙上是一张小画片，翻过背面来，写着“月的渔女”。

唉。我尝自忖度：那使人类温暖的，我不是过分缺乏了它就是充溢了它。两者都足以致病的。

印度王子出游，看见生老病死，遂发自度度人的宏愿。我也倒想有一树菩提之荫，坐在下面思索一会儿。虽然我要思索的是另外一个题目。

于是，我的目光在窗上徘徊了。天色像一张阴晦的脸压在窗前，发出令人窒息的呼吸。这就是我抑郁的缘故吗？而又，在窗格的左角，我发现一个我的独语的窃听者了。像一个鸣蝉蜕弃的躯壳，向上蹲伏着，噤默地。噤默地，和着它一对长长的触须，三对屈曲的瘦腿。我记起了它是我用自己的手描画成的一个昆虫的影子，当它迟徐地爬到我窗纸上，发出孤独的银样的鸣声，在一个过逝的有阳光的秋天里。

一九三四年三月二日

（选自《何其芳文集》2卷，人民文学出版社1982年版）

门与叩者

扫一扫，
收听有声版♫

陆 蠡

你想到过世界上自有许多近似真理的矛盾么？譬如说一座宅第的门。门是为了出入而设的，为了“开”的意义而设的，而它，往往是“关”着的时候居多。往时我经过一个旧邸第，那双古旧的门上兽环锈绿了，朱漆剥脱，蛛网结在门角上，罅缝里封满尘土。当时我曾这样想：“才奇怪！人们造了门，往往矞皇而庄严的，却为的是关着？”

人是在屋顶底下，门之内生活着的。人爱把自己关在门里。门保证了孤独和安全，门姑息了神秘和寂寞，门遮拦住照露现实的阳光，门掩蔽起在黑暗中化生的幻想。人在门里希望，在门外失败；在门里休息，在门外工作；在门里生活，坟墓则在门外。门隔开两个不同的世界：己和群的世界，私和公的世界，幻想和现实的世界，生和死的世界。门槛是两世界的边缘，象征两种不同领域的陲疆。人生便是跨进和跨出门与户槛；跨进和跨出希望与失望的门与户槛，跨进和跨出理想和现实的门与户槛；等到有一天，他跨了出去，不再回来时，他已经完成有生的义务，得到了灵魂的平安。

啊，我的文章本来不是论“门与人生的关系”。当我落笔的时候，愿想写出两个矛盾：门是为开启而设的，而它往往关着；既然常关着，而人，又每每巴望它的开启。这矛盾不难体验：譬如说有一个日午——一个长长的夏午吧——时钟走得慢了（摆锤受热延涨了），太阳也爬得慢了（因为它爬上了回归线的顶端），声浪的波动也震颤得慢了（你听蝉声是那么低沉，拉长，而无力），生命的发酵也来得慢了（动物都失去喧闹，到阴处觅睡去了），人们自己，也会觉得呼吸和脉搏都慢了，一种单调的厌倦落在人身上，那种摆不脱的，无名的厌倦。他失去可以倾吐愫悃的语言的机能，因为得不到对谈者；他失去可以舒发幽情的思想的机能，因为思想找不到附着点，如同水蒸气的凝聚必得有一个附着点。打不破的单调紧紧裹着他，如同尸布紧裹一个尸身。这时，他渴望能有一点变化，一件事故……而当他偶把眼光移上扃掩着的门时，便自然而然地希望它能有一次开启，给他带来一个未知的幸福，爱情，甚至于一个不幸的消息，总之，一个惊异。而他便预先构起幻想，想象门的那边将是一些什么，便预为快乐，预为兴奋，以至预为悲戚了。

生活在门里的人是寂寞的。愿意听一个门的故事么？我那故事中门里的主人是寂寞的，我那故事中门里的主人也是矛盾的。他已经有了中年以上的年纪，户外流泊的生活于他不再感到兴趣，英勇和冒险的生活不再引起他的热情，于是从一个时候起他便把自己关在门里。拜访是绝对地少，他也不爱出去。好像世界遗忘了他，他也遗忘了世界。岁月平滑地流过去了，岁月有如一道河，在屏着的门前悄悄地流过。门里的主人好像是忘了这么一回事，忘了岁月了。伴着他留在门里的，是寂寞和回忆。

有一天一颗不安的种子落入他的心田，好像一颗野草的种子落在泥土，生根萌发。起先是觉察不到的，到后来渐渐滋长了，引起他自己的注意了。“啊！这门多时不曾开启过了！为什么不开启一次呢？”他自己问自己。“我希望有一个拜访。我愿意听到一声叩环的声音。垂着的铜环哑默得有点近于冷清呢！”

这不安渐渐显露，渐渐加深。我的故事中门里的主人的心的平静给扰乱，好像在平静的潭底溜过一尾鱼，被扇起的浪动是极微极微的，但整个潭水都传遍，全部水族都觉得。

“门为什么不开启一次呢？”嘘出了一声祈求和愿望。

恍同神意的感召，怎么想，便怎么显现：

“嗒！”金属的门环响了。

“什么？叩门么？”这在门内的主人是视同奇迹了。

“嗒，嗒。”连续的金属的低沉的寂寞的声音。

“啊！机缘！”

听哪，听！又是一声低哑的“嗒！”

无疑地是有人推动那沉重的铜环！

还得仔细辨认！

“嗒”地又是一声。

我们门内的主人感到惶乱了（这声音于他太生疏）。但是钝滞的动作永远掩饰起这情绪。他缓慢地悄悄地立起身，曳开步子，缓慢地悄悄地走向门边，缓慢地悄悄地把门打开。在门旁出现的是一个陌生的面脸。

“找谁啦？”舒缓而低沉地问。

“找一个朋友。”

“是不是一个瓜子脸的，黑眸子的，乌头发的，红嘴唇的，苗条身材的？……听说她在某一天——在我还不是这屋子的主人以前——从这门出去，不曾回来。以后人们都没有她的消息。”

“我找的不是她。”

“是不是一个清癯脸的，窄腰身的，削肩膀的，尖鼻子的，薄嘴唇的，忧心忉怛的，沉默寡言的？听说他在某一年——在我还不是这屋子的主人以前——从这门出去，进入了墓地……”

“我找的是另一位。”

“我敢保证你是找错了。我来这屋子时，是芜秽荒落，阒无人居。除了那两人以外，人们没有告诉我第三者。”

陌生的面脸无表情地在门边消失了。门轻轻地被掩上。这样轻轻地，连从偶尔被风吹落在门臼里的野草的种子萌生出来的柔嫩芽苗，也不曾为之辗碎。

我的故事中门里的主人从门边退了回来，重新裹在无形的寂寞的氅衣里。这拜访多无由啊！但环被叩过了，门开启过了。我们故事里的主人又恢复了他的平静。

岁月平滑地流过。过了多少时日呢？连他自己也不知道。我们故事里的主人又觉得不安了。犹如冬季被野火燔烧的野草，逢春萌发。这不安的萌蘖又在我们故事中的主人心里芽茁了。人是矛盾的：在嚣逐中缅思寂寞，寂寞中盼待变化，门启时欢喜掩上，门掩后又希望开启。我的故事中主人又在渴望一声“嗒”的金属的叩环声音了。这不是强烈的企待，却是固执的企待。而当这企待成为一种精神的感召时，神意又显示了。“嗒”的声音又在门环上震响了，这轻微而清脆的声音。门里的主人又起了震栗，好像这声音敲醒他的回忆。我们的故事中的主人又无表情地缓慢地悄悄地站起，曳开步子，缓慢地悄悄地走近门边，缓慢地悄悄地把门栓打开。这番出现的是似曾相识的熟稔面脸，一个手挽着孩子的中年妇人。

“找谁啦？”不假思索地随口问。

（发见了似曾相识，片刻的沉默，各人在搜寻久远的记忆。）

“啊！是你！

（儿时的朋友。成长的容颜里仍然认得出幼年的形貌。）

“是你啊！

（惊愕使他觅不出语言。）

“怎么来的？

（迟暮的感觉。）

“这是你的孩子么？你几时嫁人的？生活幸福么？丈夫依顺体贴么？孩子乖么？……

（一串殷勤的问候。）

“感谢你叩上这寂寞的铜环。”

（无端的感谢使她惊愕了。）

寒暄是短暂的。不久这妇人和孩子在门边消失了。门又轻轻地掩上。这样轻轻地，连停在门上的蝇虎（夏季的动物哪）都不曾惊动。

我的故事中门里的主人又从门边退了回来，裹在寂寞的无形的氅衣里。门被叩过了，开启过了，他又恢复平静了。以后，他怎样呢？以后他又不安了，随后门又开启了，一个熟稔的或陌生的面脸在他眼前闪过了，随后门又掩上了……终于，最后一次地，他听到叩环的声音，最后一次他延见了门外的叩者，那是“她”。是他所盼待的，用黑纱裹着面脸的，穿着黑衣的，他随着她跨出这个门。以后就没人看见他回来了。代替他掩上这双门的，将是另一双手。

（选自《陆蠡集》，浙江文艺出版社1984年版）

扫一扫，
收听有声版♫

生死

柯灵

一位朋友的夫人去世了，是生肺病死的。得到消息，赶去吊唁，却已在前一天草草殡殓。房间里和平恬静，一如往昔。两个失去了母亲的孩子，正在自在地嬉戏。

朋友平静地叙述他夫人临终的情景：黄昏时还笑谈自如，夜半咳醒，几口鲜血，就此奄奄地长眠了。“她一放手也就算了”，他说，“可是把责任都交给了我，你看，这两个孩子。我得兼做母亲的事了。”

他没有流泪，眼角却已经分明泫然。朋友是坚强的，我知道他的悲戚埋在心底。“死者长已矣，生者长恻恻”，这朋友将负着他夫人留下的悲苦的担子，独自向人生迈步。

我想起鲁迅先生逝世那一天的情景来。

是早上听见的噩耗，下午跟朋友跑了去。鲁迅先生安详如生地仰卧在床上，一生战斗，如今算是息了肩。景宋先生忙忙碌碌，照料一切，虽然眼皮红肿，紧张的神情似乎比悲戚还多。有一个六七岁的孩子，大约因为家里骤然的热闹，高兴得楼上楼下地乱跑，桌上桌下地爬跳，那是海婴。

这印象使我感动，至今不易忘却。现在又添上了朋友的家里的一幕。

默默地工作，默默地战斗，默默地尽着自己的好人的责任，拳头一捏，眼睛一闭，“一放手也就算了”，把悲哀和责任同时遗留给后死者。这悲哀是沉重的，它可以把弱者压倒；然而坚强的人却把眼泪咽向肚里，慢慢地消受，他们先接受了死者留下的责任。

人世哀乐，琐琐凡情，往往使我感动至于下泪。因为这样的人物，总是比什么人都多情，也比什么人都健实，假如他们在战场上，也许不是叱咤风云的英雄，却是前仆后继默然用命的斗士。

一九三九年十月

（选自《遥夜集》，作家出版社1956年4月版）

扫一扫，
收听有声版 ♫

死

唐弢

——死有重于泰山
有轻于鸿毛

夜深时——

月色显得朦胧，原野的风吹着，纤弱，无力，催一切都入昏睡，却又并不以宁静为满足。它隐藏于无边的黑暗里，挑动着窃窃的淫笑，使人烦腻。天那角，星在颤抖，摇摇欲坠。

时间也倦怠了，它在怀念着海的啸，森林的愤怒。

一个灵魂悄悄地出了窍。

像一片落叶，它飘着，在树梢，在草根，随着纤弱的风。

天那角，星在颤抖，摇摇欲坠。

它飘荡于无边的空虚里。

经过人海，经过地狱，也经过阿修罗道。它飘着，轻盈，无形，像一声叹息离开人口。

在死亡之国里，它碰到生命之神，矗立在无数蠢动着的灵魂中间。它想腾跃，奔离，但又抵抗不了那吸力，立刻，像荷叶上的小露珠并入大水点一样，这灵魂归了队。

“呀！你还在挣扎，你怕死，但你终于死了。”一个灵魂说。

“不！我不怕死！”新来的一个回答。

“你不乐于死？”

“不！于死，我无所知。”

“那末，你一定是留恋着生，丢不开亲昵，丢不开享受，多可耻的俗物！”

“……”

不久，灵魂的队伍里起了骚动。

这不是临阵决战，因为在这里已经泯没了敌我；这不是游行示威，因为在这里已经漫灭了贫富；这不是大出丧，因为在这里，“人们”已无法卖弄其势利。

这只是一个小小的演讲会——昭示后来，述说自己。

肩着痛苦，浴着血腥，它们一个个飘上讲坛。原野的风吹着，刚健，愤怒，使一切都起呼号。

故事壮烈地展开。浩气，很快的填满了宇宙。

夜深时——

死亡之国里重温着人世的旧梦：

在战场上，

在爱河里，

在真理的旗帜下，

在屈辱与光荣之际，

——慷慨地献出了它们的生命。

萧萧，是悲风，夜月无色。

这新来的一个呜呜地哭着。

“为什么剥夺了我的生命。”他向生命之神问。

“在没有给予你生命以前，我已经把它剥夺了。因为我决定你一定得死。”

不知道经过多少年月，不知道是久是暂，死亡之国里又来了一个新的灵魂，它想腾跃，奔离，但又抵抗不了那吸力，立刻，像荷叶上的小露珠并入大水点一样，这灵魂归了队。

“呀！你还在挣扎，你怕死，但你终于死了。”一个灵魂说。

“不！我不怕死！”新来的一个回答。

“你不乐于死？”

“不！于死，我无所知。”

“那末，你一定是留恋着生，丢不开亲昵，丢不开享受，多可耻的俗物！”

“不！我不贪图，也无所留恋。”

“那末……”

“我执着于生！”

这新来的一个跑到生命之神的面前。

“你为什么执着于生的呀？”生命之神问。

“恕我先问一句，你为什么生我的呢？”

生命之神闭上了眼睛。

“当这理由还不曾泯灭，当你还得继续给予人类以生命之前，我要执着于生。你为什么生我的呢？不回答吗？我可以这样反问：我为什么而生的？这任务存在着，我就得生下去，执着于生！”

这一回，灵魂的队伍里真的起了骚动。

一九三九年四月七日为泰山与鸿毛论争作

（选自《鸿爪集》，海峡文艺出版社1985年版）

扫一扫，
收听有声版♫

忘形

冯至

在外国读书时，曾经买过一本《死者面型集》（这本书和许多旁的书籍一样都封存在北平的书箱里，祝它们平安！），里边是几十幅死者的面型，十之八九是著名的政治家、思想家、艺术家、诗人，人们在他们死后从他们的面上用蜡或石膏脱制下来的。这些面型保留着每个死者在临死时最后一瞬间面上的表情，我们不难从这上边寻索出死者曾经怎样与死的痛苦搏斗，终归怎样在死的手下降服。其中有两幅面型使我常常想起，它们融容自得，仿佛与死和解了。一个是巴斯卡尔（Pascal）的，这个十七世纪法国的哲人，在生前他的思想明透得像是结晶体，他死后留给人间的面型也十分明隽，有如智慧的象征，使人们觉得他不但深刻地理解了生，却也聪颖地支配了死。另一个是一个无名少女的，她因为一件不幸的遭遇投入巴黎的赛纳河里，脸上泛出美好的微笑，好像告诉我们说死是温柔的，没有一点恐怖。十年前我曾为她写过一篇散文《赛纳河畔的无名少女》。

人在死时，有的死得很温柔，有的很粗暴，有的很痛苦；有的在最后一瞬还神志清明，有的长时间已昏迷不醒。所以死后的面貌有的像前面所说的两个那样美，有的却显得很庸俗、很痛苦，或是很丑陋，甚至五官都挪动了地位。但是这些面型对我们有一个共同的启示：就是人类应该怎样努力去克制身体的或精神的痛苦，即使在最后一瞬也要保持一些融容的态度。在历史上有多少圣贤在临死时就这样完成他们生命里最完美的时刻。这需要深沉的修养与坚强的意志。我们不能要求人人在死前都能如此自持，但我们却不愿意看见一个健康的人，并不是在死前，而是在生活中偶遇不幸，便弄得忘形失态。忘形，在某种情形下本来是很可爱的，“忘形到尔汝”，正是朋友坦露胸怀的时刻；在恋爱，在战斗，在为某种事业积极努力时，总不免有时要忘形的。这是自然情感的流露，在某瞬间——也只限在某瞬间——是很可贵的。可是在这多变的时代，忽然得意的人很多，忽然失意的人更多；这些忽然得意，忽然失意的人往往爱在大庭广众中忘形，这种忘形可就不但不可贵，而且有些可怜或可憎了。我们常常在比较生疏的聚会里见到这样的人，目空一切，觉得天下事易如反掌，所有人间的痛苦都与他无关；他们不是刚驶着卡车从洋货荟萃的某地方回来，就是刚坐着飞机从人文荟萃的某地方回来，得意的神情无形中泄露出他们以前从未经验过的他们方才所经验的事。不过这也是自然的流露，人在自觉得意时，怎么能勉强作出一副淡漠的神情，好像没有那么一回事呢。人家说这样的人“得意忘形”，含有一些责备或讽刺的意思，略加吟味，这话无非表示这个得意的人没有涵养，轻浮浅薄，而他得意的样子使不得意的人有些难以担当。

最引人不快的是失意忘形。得意忘形至多不过使人难以担当，失意忘形却每每是自己表现出丑陋的姿态。忘形的失意者爱把自己当作一个世上最不幸的人，可以例外看待，一般人行为里的节制他也无须遵守；同时他并不自省，他的失意是否这样深，纵使这样深，他更不了解应该怎样担当这样的失意。因此自己的不幸就被看作是人间最大的不幸，在这最大的不幸的笼罩下，他就为所欲为了。在闾巷间常常看见一群人围着一个失意的女人，她不是坐在一座石墩上乱骂，就是躺在地上打滚；有些多年的朋友，一旦吵起架来，便彼此攻讦阴私，使些不相干的人互相谈讲；更有腰缠累万，一夜纸牌便不翼而飞，沮丧中取出手枪，装腔作势，让许多人围着劝导；也有失恋青年，一夜泥醉，哭哭啼啼，寻死觅活，使朋友们在旁边担心坐守；还有一部分专家学者，一向饮则咖啡，坐则沙发，不料数年来几个筋斗，便自觉是天下最穷的穷人，仿佛连脑子里装着的一些专门知识也跟着贫穷起来，到处诉穷，毫无选择，巴不得从富商大贾的筵席间分得一些残杯冷羹。这种种，丝毫引不起人的同情，只表露出自己的丑态。

岂只引不起人的同情，其实有些人似乎专门喜欢看一个失意人在他们面前忘形。所以满地打滚的女人总是被一群人围绕着，互相攻讦的阴私总是被人欢迎着，以及某某赌场的手枪，某某失恋青年的狂乱，某某学者的诉穷，都会成为不关痛痒的人们谈话的资料。还有更残忍的事，就是犯人临刑前的游街示众，这无异给大家一个好机会，去赏玩一个临刑的人怎样由于神经错乱而忘形失态。那犯人呼叫得越厉害，观众越为喝彩；他若一言不发，观众也就索然无味了。

人之可贵，不在于任情地哭笑，而在于怎样能加深自己的快乐，担当自己的痛苦，那些临死时还能保持优越姿态的人，有如嵇叔夜最后一曲的《广陵散》，我们只有景仰赞叹。但是稍一失意，便忘其所以，作出种种的丑态，实在是对于人的可贵的意志的一个大侮蔑。

一九四三年十月

（选自《冯至选集》2卷，四川文艺出版社1985年版）

扫一扫，
收听有声版♫

关于死

——抄抄摘摘之一

宋云彬

弘一法师于本年（一九四二年）十一月十三日圆寂于福建泉州。临命终前书“悲欣交集”四字，并遗夏丏尊先生一书，其文曰：

丏尊居士文席：朽人已于九月初四日迁化。曾赋二偈，附录于后：

君子之交，其淡如水。
执象而求，咫尺千里。
问余何适，廓尔忘言。
华枝春满，天心月圆。

在一般的人看来，“死”至少是可以厌恶的，弘一法师却把它看得这样自然而美丽。佛家承认一个人于今生之后，还有来生，但以生死轮回为苦，故教人修行以出离生死。弘一法师是一位高僧，他在精神上已经到达了超生死的境界，对于“死”，自然无所用其畏惧或厌恶。

最近又看到冯友兰先生的《论生死》一文，他认为有一种“在天地境界及道德境界中的人”，是不受死的威胁的。他旁征博引地说了许多话，最后的结论是：

所以在天地境界中的人，无所谓怕死不怕死，有意于不怕死者，乃是对于死尚有芥蒂。伊川云：“邵尧夫临终时，只是谐谑，须臾而去，以圣人观之，则犹未是，盖犹有意也，比之常人，甚悬绝矣。”他疾革，颐往视之，因警之曰：“尧夫平日所学，今日无事否？”他气微不能答。次日见之，却有声如丝来，答曰：“你道生姜树上生，我亦只得依你说。”伊川疾革，门人进曰：“先生平日所学，正今日要用。”伊川曰：“道着用便不是。”“道着用”亦是有意。所谓有意，亦谓对于死尚有芥蒂。在天地境界中的人，不有意地不怕死，亦不有意地玩视生。道家中有些人对于人生中的事，多所玩视，如所谓“以生为附赘悬疣，以死为决疸溃痈”者，是只了解死为顺化，而未了解生亦为顺化。了解生亦为顺化，则于人生中所应作的事，亦为顺化。所以在天地境界中的人所作的事，亦正是在道德境界中的人所作的事。对于作这些事，他亦是“存吾顺事，没吾宁也”。

冯先生这个结论，在他的哲学理论上，可以说是一贯的，而且是很圆满的。就这个结论来说，不但邵尧夫辈对于“死”犹有芥蒂，弘一法师的临命终前的“悲欣交集”，亦未免犹有芥蒂了。其实欲求如冯先生所说的“在天地境界及道德境界中的人”，是不可多得的。圣人如孔子，他感觉到快要死了的时候，慨叹地说，“泰山其颓乎，梁木其坏乎，哲人其萎乎”，则是对于“死”未免“盖犹有意也”。所以我友Y君，欢喜赞叹于弘一法师的临命终前的“悲欣交集”，以为“悲见有情，欣证禅悦”云。

古语有云：“死生亦大矣。”往古来今，多少圣智贤哲，努力求这个大问题的解决，但很少圆满的理论或办法。据我们想，这恐怕要跟社会制度一起来解决的吧。假定在一个合理的社会里，集体意识代替了个人主义，科学知识代替了玄学幻想，那么，个人生存着的时候，只是大众中的一个人，个人所作的事，也就是大众的事，作事是为了大众，不仅仅是“顺化”。社会合理，则横死或枉死的机会很少了，到了相当年龄，不能不死的时候，真所谓“没吾宁也”，也就无所谓威胁或恐惧了。不过这种说法太理想，而在冯先生看来，未免堕入功利境界了。

这里我附带抄一节冯先生的文章，而提出我的异议。冯先生说：

《礼记·檀弓》记子张将死之言，说：君子死是终。在道德境界中的人，是此所谓君子。死对于他是尽伦尽职的结束。所以死对于他亦是终。终即是结束之义。

按《礼记·檀弓》记子张将死之言，说："君子曰终，小人曰死。"底下还有一句："吾今日其庶几乎。"如果用现代语翻出来，便是："君子的死叫做终，小人的死叫做死，我现在大概要死了。"本未含有什么"哲理"在里面。封建社会严等差、别上下，所以对于一个人的死，也因其身分之不同，而有特定的名称。例如天子死曰崩，诸侯死曰薨，大夫死曰卒，庶人曰死（均见《礼记·曲礼》）。终即卒也。君子者，大夫士也。小人者，庶人也。宋儒以义理解经，往往穿凿附会；冯先生多读古书，又很理解古书，乃亦从而附会之，甚矣古书之难读也！

一九四三年

（选自《宋云彬杂文集》，三联书店1985年版）

扫一扫，
收听有声版 ♫

三过鬼门关

——改正之后（之五）

萧 乾

我小时，我们住的北京东北角那一带，房子大都年久失修。一下雨就到处倒塌，每回总得砸死几口子。知道房漏了，可又修不起，就在屋瓦漏处搭上块破席头，上面压几块砖。

大概是上私塾的时候，我在路上有过一次险遇。我喜欢擦墙根儿走路。那一天，一块压席头的砖不知怎地哧溜下来了。是个夏天，我裸着上身。那块砖是紧擦着我的身子坠地的，把我的脑门和胸脯都擦破了皮。现在回想起来，只差上几分，我就可能呜呼哀哉了。

哎呀，我那苦命的寡妇妈可后怕死了。她噙着泪水搂着我，孩子长孩子短地不知叫了多少声，初一十五还去土地庙烧香叩头。街坊大爷们摸着我后脑勺，用祝贺的口吻说：“这孩子命硬。”

这句话在我一生起过难以言说的镇定作用。一九四〇年经历希特勒大轰炸时，一九四四年坐在满载黄色炸药箱的卡车上向莱茵河挺进时，甚至每次上飞机时，我都对自己说：“不怕，你命硬。”

一九八〇年十二月，我就是默念着这句符咒被推进手术室的。从那以后，直到一九八三年，我动过两次大手术，三次小手术。五次进出手术室，我的心都是宁静的。

先说说我为什么要动手术。

我对医学一窍不通，缺乏起码的常识。然而我对肾结石却有了点认识。肾，就是下水道的入口。淤塞了，它就会长结石。因此，为了防止长结石，第一条就得每天把水喝足。

一九五八年至一九六一年在柏各庄农场时，我同十几个人合睡一条大炕。我起过一两次夜，每次都得惊动睡在两旁的人，感到十分不方便。谁不是白天累得要命，天一亮又得爬起来干活！而且由于没有电筒，有一回起夜回来时，摸错了地方，挨了好一通臭骂。于是，我想了个绝招：过午滴水不进。果然很灵。从那以后再也不必起夜了。

当然，喝什么水也有关系。在湖北咸宁，我们是把向阳湖的湖水用柴油泵打上来喝。湖里不但经常有几十口子在洗澡，还泡着更多的水牛，并且随意方便着。杯子里发现一块半块牛粪，一点也不新鲜。

我的结石大约就是这么形成的。

但是中医总说我肾亏。还是一次作腹部拍照时，偶然发现了它的影子。已经快有栗子那么大了。

这是在一九七八年年底。转年，政治上我就得到了“改正”。于是，思想上就从“此生休矣”转变为仍要在事业上有点作为。

出访美国之前，我就站在十字路口上了。几位大夫都劝我不要动手术，说倘若结石只有米粒那么小，倒真可怕；因为一旦掉进尿管，能把人疼晕过去。我那块最大的结石，少说也有二十年了。它位于肾盂口上，刚好挡住了其他小块结石，所以绝不会发生结石掉进尿管的问题。而我又已交七十岁，大可带着它去火化场了。现在回想，他们说的很有道理。

在美国逗留的四个月中间，我一直在考虑这么个问题：现在好不容易才又能写作了，可是蹲在北京怎么写？写些什么？题材、素材，全在基层。一九五六年还不是由于下去几趟，才写出点东西么！然而带着这颗定时炸弹去矿山或农村总不是办法，还不如干脆把这个隐患除掉再下去的好。

动手术就是这么决定下来的。

手术前，洁若告诉我说，医院要她在一张开列着我可能遇到的五种死亡的单子上签字。她一再劝我多考虑一下。我说，你签吧，我命硬。

结石取出后，尿道不通，只好带一根肾管。那八个月可受了大罪。一九八一年八月，决定干脆把左肾切掉。切除后，由于带过肾管，缝的线不为肌肉所容，伤口总也不能愈合。于是先后又开了三次小刀，在不打麻醉药的情况下，硬把线头一根根地勾了出来。

带肾管的那八个月，在日夜随时告急中，我译完了《培尔·金特》，并开始编那四卷《选集》。

除了初中时得过一次伤寒，我一生几乎没住过医院。七十岁上住起院来，不免会想到死亡问题。

对于死亡，以前倒是有过恐惧。我早年见过不少死人。我妈妈是我搂着咽的气。最后钉棺材盖时，还有人扶着我站在一只高凳上向她说了一句永别的话。到了墓地，也是由我这个孝子先抓一把土，攘进穴口。我尝尽了死别的痛苦。

那时，许多习俗都把死亡神秘化、恐怖化了。上学的路上，每天必走过棺材店和寿衣铺。一到阴历七月十五，就办起盂兰盆会，说是鬼节。纸糊的船上站了各种等待超度的冤鬼，有缢死的无常，有呲牙咧嘴的夜叉，好不怕人。

每次去东岳庙，我总对那个瞪着眼睛翻看生死簿的判官不服气。凭什么由他来决定人的寿数！当我译《培尔·金特》时，就把剧中那个铸钮扣的人同我早年所不服气的判官联系起来了。然而铸钮扣的并没武断地决定培尔的命运。他还容许培尔做出自己的努力。

如果有人问我的人生哲学，我想用四个字来概括：事在人为。我从不相信先天注定的寿数。小时我就想，寿数再高，要是把身子横卧在火车铁轨上，也照样轧成两段。我一面准备死亡随时光临，一面自己加强锻炼；有病及早治，尽量推迟它的到来。

说来也怪，八十年代我面对死亡的勇气，恰好来自一九六六年的红八月里我服的那瓶安眠药。倘若隆福医院按照当时通常的做法不收我这个“阶级敌人”，或者收而敷敷衍衍，不给好好洗一下肠子，我也早就化为灰烬了。

那其间，在交代“黑思想”时，我说过这么一条：一个知识分子在新中国得个善终可真不易！那是因为我听到看到那么多科学家、教育家和作家，有跳楼摔死的，也有活活被打死的。那阵子我成天都在琢磨着自己怎么死法。

直到那帮人彻底倒了台，我对自己的死才有了自信：我会善终的。

一九八〇年十二月，动手术的前一晚，当医生来验明次晨开刀的部位，护士为我剃毛时，我猛然感到自己离死亡近了一步。可那晚我睡得很平稳，很熟。当洁若带点愁苦告诉我那五种死亡的可能性时，我还她一句：一九六六年那次要死不也就死了吗！如今，看到了歹徒的灭亡，又领到了“改正证书”，还不该知足！

由于开导她，我倒开导了自己。

多少人——多少比我聪明，能干，比我好的人，都没能看到那帮人的灭亡，而我看到了，这是多么侥幸啊！现在，我觉得每活一天，就是白赚一天，白饶上的一天。得好好利用它。

住院后期，我坚持每晨散步一个小时。我总是从病房出发，一直走到太平间，然后再折回。一趟趟地总那么走。太平间——鬼门关，对我不再可怕了。那是迟早必然的归宿。重要的，应该为之动脑筋的，还是怎样利用被抬进去之前这段日子。

我希望我千万别脑软化，别成为植物人。最希望的是一旦不能料理自己的生活时，就突然死去——更好的是悠然而死，比如在睡眠中，或伏案工作时。

我掌握不了自己如何死法，但我能掌握自己如何活法。

我自知当不了闯将，我从来就不是。我也不特别勤奋。但无论教书、当记者或编刊物，还是从事写作，我都还能力所能及地踏踏实实做点事。我就将这么做下去，做到非停下来不可的一天。

“未知生，焉知死。”孔子真是位讲实际的人。生——这是每个人都拥有的、内容各自不同的一本书。这里有成功也有失败，有欢乐也有悲哀，有值得自豪的，也有足以悔恨的。我希望有一天我能鼓起勇气，把自己这本整个地翻一翻。现在还不去翻它，因为还在写着它。可又怕停笔时来不及翻它了。

因此，我在找个诀窍：一边写着它，一边翻它。

一九八五年四月五日于北京远望楼

（选自《负笈剑桥》，三联书店1987年版）

我对于丧礼的改革

胡 适

去年北京通俗讲演所请我讲演“丧礼改良”，讲演日期定在十一月二十七日。不料到了十一月二十四日，我接到家里的电报，说我的母亲死了。我的讲演还没有开讲，就轮着我自己实行“丧礼改良”了！

我们于二十五日赶回南。将动身的时候，有两个学生来见我，他们说：“我们今天过来，一则是送先生起身；二则呢，适之先生向来提倡改良礼俗，现在不幸遭大丧，我们很盼望先生能把旧礼大大的改革一番。”

我谢了他们的好意，就上车走了。

我出京之先，想到家乡印刷不便，故先把讣帖付印。讣帖如下式：

先母冯太夫人于中华民国七年十一月

二十三日病殁于安徽绩溪上川本宅。

敬此讣闻。

胡觉
胡适谨告。

这个讣帖革除了三种陋俗：一是“不孝□□等罪孽深重，不自殒灭，祸延显妣”，一派的鬼话。这种鬼话含有儿子有罪连带父母的报应观念，在今日已不能成立；况且现在的人心里本不信这种野蛮的功罪见解，不过因为习惯如此，不能不用，那就是无意识的行为。二是“孤哀子□□等泣血稽颡”的套语。我们在民国礼制之下，已不“稽颡”，更不“泣血”，又何必自欺欺人呢？三是“孤哀子”后面排着那一大群的“降服子”，“齐衰期服孙”，“期”，“大功”，“小功”……等等亲族，和“拉泪稽首”，“拭泪稽首”……等等有“谱”的虚文。这一大群人为什么要在讣闻上占一个位置呢？因为这是古代宗法社会遗传下来的风俗如此。现在我们既然不承认大家族的恶风俗，自然用不着列入这许多名字了。还有那从“泣血稽颡”到“拭泪顿首”一大串的阶级，又是因为什么呢？这是儒家“亲亲之杀”的流毒。因为亲疏有等级，故在纸上写一个“哭”字也要依着分等级的“谱”。我们绝对不承认哭丧是有“谱”的，故把这些有谱的虚文一概删去了。

我在京时，家里电报问“应否先殓”，我复电说“先殓”。我们到家时，已殓了七日了，衣衾棺材都已办好，不能有什么更动。我们徽州的风俗，人家有丧事，家族亲眷都要送锡箔，白纸，香烛；讲究的人家还要送“盘缎”，纸衣帽，纸箱担等件。锡箔和白纸是家家送的，太多了，烧也烧不完，往往等丧事完了，由丧家打折扣卖给店家。这种糜费，真是无道理。我到家之后，先发一个通告给各处有往来交谊的人家。通告上说：

> 本宅丧事拟于旧日陋俗略有所改良。倘蒙赐吊，只领香一炷或挽联之类。此外如锡箔，素纸，冥器，盘缎等物，概不敢领，请勿见赐。伏乞鉴原。

这个通告随着讣帖送去，果然发生效力，竟没有一家送那些东西来的。

和尚，道士，自然是不用的了。他们怨我，自不必说。还有几个投机的人，预算我家亲眷很多，定做冥器盘缎的一定不少，故他们在我们村上新开一个纸扎铺，专做我家的生意。不料我把这东西都废除了，这个新纸扎铺只好关门。

我到家之后，从各位长辈亲戚处访问事实（因为我去国日久，事实很模糊了），做了一篇“先母行述”。我们既不“寝苫”，又不“枕块”，自然不用“苫块昏迷，语无伦次”等等诳语了。“棘人”两字，本来不通，故也不用了。我做这篇“行述”，抱定一个说老实话的宗旨，故不免得罪了许多人。但是得罪了许多人，便是我说老实话的证据。文人做死人的传记，既怕得罪死人，又怕得罪活人，故不能不说谎，说谎便是大不敬。

讣闻出去之后，便是受吊。吊时平常的规矩是：外面击鼓，里面启灵帏，主人男妇举哀，吊客去了，哀便止了。这是作伪的丑态。古人“哀至则哭”，哭岂是为吊客哭的吗？因为人家要用哭来假装“孝”，故有大户人家吊客多了，不能不出钱雇人来代哭，我是一个穷书生，哪有钱来雇人代我们哭？所以我受吊的时候，灵帏是开着的，主人在帏里答谢吊客，外面有子侄辈招待客人；哀至即哭，哭不必做出种种假声音，不能哭时，便不哭了，决不为吊客做出举哀的假样子。

再说祭礼。我们徽州是朱子江慎修戴东原胡培翚的故乡，代代有礼学专家，故祭礼最讲究。我做小孩的时候，也不知看了多少次的大祭小祭。祭礼很繁，每一个祭，总得要两三个钟头；祠堂里春分冬至的大祭，要四五点钟。我少时听见秀才先生们说，他们半夜祭春分冬至，跪着读祖宗谱，一个人一本，读“某某府君，某某孺人”，烛光又不明，天气又冷，石板的地又冰又硬，足足要跪两点钟！他们为了祭包和胙肉，不能不来鬼混念一遍。这还算是宗法社会上一种很有意味的仪节。最怪的，是人家死了人，一定要请一班秀才先生来做“礼生”，代主人做祭。祭完了，每个礼生可得几尺白布，一条白腰带，还可吃一桌“九碗”或“八大八小”。大户人家，停灵日子长，天天总要热闹，故天天须有一个祭。或是自己家祭，或是亲戚家“送祭”。家祭是今天长子祭，明天少子祭，后天长孙祭……送祭是那些有钱的亲眷，远道不能来，故送钱来托主人代办祭菜，代请礼生。总而言之，哪里是祭？不过是做热闹，装面子，摆架子！——哪里是祭！

我起初想把祭礼一概废了，全改为“奠”。我的外婆七十多岁了，她眼见一个儿子两个女儿死在她生前，心里实在悲恸，所以她听见我要把祭全废了，便叫人来说，“什么事都可依你，两三个祭是不可少的”。我仔细一想，只好依她，但是祭礼是不能不改的。我改的祭礼有两种：

(1) 本族公祭仪节：（族人亲自做礼生）序立。就位。参灵，三鞠躬。三献。读祭文。（祭文中列来祭的人名，故不可少。）辞灵。礼成。

(2) 亲戚公祭。我不要亲戚“送祭”。我把要来祭的亲戚邀在一块，公推主祭者一人，赞礼二人，馀人陪祭，一概不请外人作礼生。同时一奠，不用“三献礼”。向来可分七八天的祭，改了新礼，十五分钟就完了。仪节如下：序立。主祭者就位。陪祭者分列就位。参灵，三鞠躬。读祭文。辞灵。礼成。谢奠。

我以为我这第二种祭礼，很可以供一般人的采用。祭礼的根据在于深信死人的“灵”还能享受。我们既不信死者能受享，便应该把古代供献死者饮食的祭礼，改为生人对死者表示敬意的祭礼。死者有知无知，另是一个问题。但生人对死者表示敬意，是在情理之中的行为，正不必问死者能不能领会我们的敬意。有人说，“古礼供献酒食，也是表示敬意，也不必问死者能不能饮食”，这却有个区别。古人深信死者之灵真能享用饮食，故先有“降神”，后有“三献”，后有“侑食”，还有“望燎”，还有“举哀”，都是见神见鬼的做作，便带着古宗教的迷信，不单是表示生人的敬意了。

再论出殡。出殡的时候，“铭旌”先行，表示谁家的丧事；次是灵柩，次是主人随行，次是送殡者。送殡者之外，没有别样排场执事。主人不必举哀，哀至则哭，哭不必出声。主人穿麻衣，不戴帽，不执哭丧杖，不用草索束腰，但用白布腰带。为什么要穿麻衣呢？我本来想用民国服制，用乙种礼服，袖上蒙黑纱。后来因为来送殡的男人女人都穿白衣，主人不能独穿黑，只好用麻衣，束白腰带。为什么不戴帽呢？因为既不用那种俗礼的高梁孝子冠，一时寻不出相当的帽子，故不如用表示敬意的脱帽法。为什么不用杖呢？因为古人居父母的丧要自己哀毁，要做到“扶而后能起，杖而后能行”的半死样子，故不能不用杖。我们既不能做到那种半死样子，又何必拿那根杖来装门面呢？

我们是聚族而居的，人死了，该送神主入祠。俗礼先有“题主”或“点主”之法，把“神主牌”先请人写好，留着“主”字上的一点，再去请一位阔人来，求他用珠笔蘸了鸡冠血，把“主”字上一点点上。这就是“点主”。点主是丧事里一件最重要的事，因为他是一件最可装面子摆架子的事。你们回想当年袁世凯死后，他的儿子孙子们请徐世昌点主的故事，就可晓得这事的重要了。

那时家里人来问我要请谁点主。我说，用不着点主了。为什么呢？因为古礼但有“请善书者书主”。（《朱子家礼》与《温公书仪》同）这是恐怕自己不会写好字，故请一位写好字的写牌，是郑重其事的意思。后来的人，要借死人来摆架子，故请顶阔的人来题主。但是阔人未必会写字。也许请的是一位督军，连字都不认得。所以主人家先把牌子上的字写好，单留“主”字上的一点，请“大宾”的大笔一点。如此办法，就是不识字的大帅，也会题主了！我不配借我母亲来替我摆架子，不如行古礼罢。所以我请我的老友近仁把牌位连那“主”字上的一点一齐写好。出殡之后把神主送进宗祠，就完了事。

未出殡之前，有人来说，他有一穴好地，葬下去可以包我做到总长。我说，我也看过一些堪舆书，但不曾见那部书上有“总长”二字；还是请他留上那块好地自己用罢。我自己出去，寻了一块坟地，就是在先父铁花先生的坟的附近。乡下的人以为我这个“外国翰林”看的风水，一定是极好的地，所以我的母亲葬下之后，不到十天，就有人抬了一口棺材，摆在我母亲坟下的田里。人来对我说，前面的棺材挡住了后面的“气”。我说，气是四方八面都可进来的，没有东西可挡得住，由他挡去罢。

以上记丧事完了。

再论我的丧服。我在北京接到凶电的时候，那有仔细思想的心情？故糊糊涂涂的依着习惯做去，把缎子的皮袍脱了，换上布棉袍，布帽，帽上还换了白结子，又买了一双白鞋。时表上的链子是金的，镀金的，故留在北京。眼镜脚也是金的，但是来不及换了，我又不能离开眼镜，只好戴了走。里面的棉袄是绸的，但是来不及改做布的，只好穿了走，好在穿在里面，人看不见！我的马褂袖上还加了一条黑纱。这都是我临走的一天，糊糊涂涂的时候，依着习惯做的事。到了路上，我自己回想，很觉惭愧。何以惭愧呢？因为我这时候用的丧服制度，乃是一种没有道理的大杂凑。白帽结，布袍，布帽，白鞋，是中国从前的旧礼。袖上蒙黑纱是民国元年定的新制。既蒙了黑纱，何必又穿白呢？我为什么不穿皮袍呢？为什么不敢穿绸缎呢？为什么不敢戴金色的东西呢？绸缎的衣服上蒙上黑纱，不仍旧是民国的丧服吗？金的不用了，难道用了银的就更“孝”了吗？

我问了几个“为什么”，自己竟不能回答。我心里自然想着孔子“食夫稻，衣夫锦，于汝安乎”的话，但是我又问：我为什么要听孔子的话？为什么我们现在“食稻”（吃饭）心已安了？为什么“衣锦”便不安呢？仔细想来，我还是脱不了旧风俗的无形的势力，——我还是怕人说话！

但是那时我在路上，赶路要紧，也没有心思去想这些“细事小节”。到家之后，更忙了，便也不曾想到服制上去。丧事里的丧服，上文已说过了。丧事完了之后，我仍旧是布袍，布帽，白帽结，白棉鞋，袖上蒙了一块黑纱。穿惯了，我更不觉得这种不中不西半新半旧的丧服有什么可怪的了。习惯的势力真可怕！

今年四月底，我到上海欢迎杜威先生，过了几天，便是五月七日的上海国民大会。那一天的天气非常的热，诸位大概总还有人记得。我到公共体育场去时，身上穿着布的夹袍，布的夹裤还是绒布里子的，上面套着线缎的马褂。我要听听上海一班演说家，故挤到台前，身上已是汗流遍体。我脱下马褂，听完演说，跟着大队去游街，从西门一直走到大东门，走得我一身衣服从里衣湿透到夹袍子。我回到一家同乡店家，邀了一位同乡带我去买衣服更换，因为我从北京来，不预备久住，故不曾带得单衣服。习惯的势力还在，我自然到石路上小衣店里去寻布衫子，羽纱马褂，布套裤之类。我们寻来寻去，寻不出合用的衣裤，因为我一身湿汗，急于要换衣服，但是布衣服不曾下水是不能穿的。我们走完一条石路，仍旧是空手。我忽然问我自己道："我为什么一定要买布的衣服？因为我有服在身，穿了绸衣，人家要说话。我为什么怕人家说我的闲话？"我问到这里，自己不能回答。我打定主意，去买绸衣服，买了一件原当的府绸长衫，一件实地纱马褂，一双纱套裤，借了一身衬衣裤，方才把衣服换了。初换的时候，我心里还想在袖上蒙上一条黑纱。后来我又想：我为什么一定要蒙黑纱呢？因为我丧期没有完。我又想：我为什么一定要守这三年的服制呢？我既不是孔教徒，又向来不赞成儒家的丧制，为什么不敢实行短丧呢？我问到这里，又不能回答了，所以决定主意，实行短丧，袖上就不蒙黑纱了。

我从五月七日起，已不穿丧服了。前后共穿了五个月零十几天的丧服。人家问我行的是什么礼？我说是古礼。人家又问，那一代的古礼？我说是《易传》说的太古时代"丧期无数"的古礼。我以为"丧期无数"最为有理。人情各不相同，父母的善恶各不相同，儿子的哀情和敬意也不相同。《檀弓》上说：

子夏既除丧而见，予之琴，和之不和，弹之而不成声，作而曰："哀未忘也，先王制礼而弗敢过也。”子张既除丧而见，予之琴，和之而和，弹之而成声，作而曰，“先王制礼，不敢不至焉。”

这可见人对父母的哀情各不相同，子张宰我嫌三年之丧太长了，子夏闵子骞又嫌三年太短了。最好的办法是“丧期无数”，长的可以几年，短的可以三月，或三日，或竟无服。不但时期无定，还应该打破古代一定等差的丧服制度。我以为服制不必限于自己的亲属：亲属值得纪念的，不妨为他纪念成服；朋友可以纪念的，也不妨为他穿服；不值得纪念的，无论在几服之内，尽可不必为他穿服。

我的母亲是我生平最敬爱的一个人，我对她的纪念，自然不止五六个月，何以我一定要实行短丧的制度呢？我的理由不止一端：

第一，我觉得三年的丧服在今日没有保存的理由。顾亭林说，“三代圣王教化之事，其仅存于今日者，惟服制而已。”（《日知录》卷十五）这话说得真正可怜！现在居丧的人，可以饮酒食肉，可以干政筹边，可以嫖赌纳妾，可以作种种“不孝”的事，却偏要苦苦保存这三年穿素的“服制”！不能实行三年之“丧”，却偏要保存三年的“丧服”！这真是孟子说的“放饭流歠而问无齿决，是之谓不知务”了！

第二，真正的纪念父母，方法很多，何必单单保存这三年服制？现行的服制，乃是古丧礼的皮毛，乃是今人装门面自欺欺人的形式。

我因为不愿意用这种自欺欺人的服制来做纪念我母亲的方法，所以我决意实行短丧。我因为不承认“穿孝”就算“孝”，不承认“孝”是拿来穿在身上的，所以我决意实行短丧。

第三，现在的人居父母之丧，自称为“守制”，写自己的名字要加上一个小“制”字，请问这种制是谁人定的制？是古人遗传下来的制呢？还是现在国家法律规定的制呢？民国法律并不曾规定丧期。若说是古代遗制，则从斩衰三年到小功，缌，都是“制”，何以三年之丧单称为“制”呢？况且古代的遗制到了今日，应该经过一番评判的研究，看那种遗制是否可以存在，不应该因为他是古制就糊糊涂涂的服从他。我因为尊重良心的自由，不愿意盲从无意识的古制，故决意实行短丧。

第四，现在的服制实际上有许多行不通的地方。若说素色是丧服，现在的风尚喜欢素色衣裳，素色久已不成为丧服的记号了。若说布衣是丧服，绸缎不是丧服，那么，除了丝织的材料之外，许多外国的有光的织料是否算是布衣？有光的洋货织料可以穿得，何以本国的丝织物独不可穿？蚕丝织的绸缎既不能穿，何以羊毛织的呢货又可以穿得？还有羊皮既可以穿得，何以狐皮便穿不得？银器既可以戴得，金器和镀金器何以又戴不得？——诸如此类，可以证明现在的服制全凭社会的习惯随意乱定，没有理由可说，没有标准可寻；颠倒杂乱，一无是处。经济上的困难且丢开不说，就说这心理上的麻烦不安，也很够受了。我也曾想采用一种近人情，有道理，有一贯标准的丧服，竟寻不出来，空弄得精神上受无数困难惭愧。因此，我素性主张把服丧的期限缩短，在这短丧期内，无论穿何种织料的衣服，无论布的，绸缎的，呢的，绒的，纱的，只要蒙上黑纱，依民国的新礼制，便算是丧服了。

以上记我实行短丧的原委和理由。

我把我自己经过的丧礼改革，详细记了下来，并不是说我所改的都是不错的，也并不敢劝国内的人都依着我这样做。我的意思，不过是想表示我个人从一次生平最痛苦的经验里面得来的一些见解，一些感想；不过想指点出现在丧礼的种种应改革的地方和将来改革的大概趋势。我现在且把我对于丧礼的一点普通见解总括写出来，做一个结论。

结 论

人类社会的进化，大概分两条路子：一边是由简单的变为复杂的，如文字的增添之类；一边是由繁复的变为简易的，如礼仪的变简之类。近来的人，听得一个“由简而繁，由浑而画”的公式，以为进化的秘诀全在于此了。却不知由简而繁固然是进化的一种，由繁而简也是进化的一条大路。即如文字固是逐渐增多，但文法却逐渐变简。拿英文和希腊拉丁文比较，便是文法变简的进化。汉文也有逐渐变简的痕迹。古代的代名词，“吾”“我”有别，“尔”“汝”有别，“彼”“之”有别。现代变为

"我""你""他","我们""你们""他们",使主次宾次变为一律,使多数单数的变化也归一律,这不是一大进化吗?古代的字如马两岁叫做"驹",三岁叫做"駣",八岁叫做"馴";又马高六尺为"骄",七尺为"騋"。这都是很不规则的变化,现在都变简易了。

我举这几个例,来证明由繁而简也是进化。再举礼仪的变迁,更可以证明这个道理。我们试请一位孔教会的信徒,叫他把一部《仪礼》来实行,他做得到吗?何以做不到呢?因为古人生活简单,那些一半祭司一半贵族的士大夫,很可以玩那"一献之礼宾主百拜"的把戏儿。后来生活复杂了,谁也没有工夫来干这揖让周旋的无谓繁文。因此,自古以来,礼仪一天简单一天,虽有极顽固的复古家,势不能恢复那"礼仪三百,威仪三千"的盛世规模。故社会生活变复杂了,是一进化。同时礼仪变简单了,也是一进化。由我们现在的生活,要想回到茹毛饮血,穴居野处的生活,固是不可能;但是由我们现在简单礼节,要想回到那揖让周旋宾主百拜的礼节,也是不可能。

懂得这个道理,方才可以谈礼俗改良,方才可以谈丧礼改良。

简单说来,我对于丧礼问题的意见是:

(1)现在的丧礼比古礼简单多了,这是自然的趋势,不能说是退化。将来社会的生活更复杂,丧礼应该变得更简单。

(2)现在丧礼的坏处,并不在不行古礼,乃在不曾把古代遗留下来的许多虚伪仪式删除干净。例如不行"寝苫枕块"的礼,并不是坏处;但自称"苫块昏迷",便是虚伪的坏处。又如古礼,儿子居丧,用种种自己刻苦的仪式，“水浆不入于口者三日，杖而后能起”，所以必须用杖。现在的人不行这种野蛮的风俗，本是一大进步，并不是一种坏处；但做“孝子”的仍旧拿着哭丧棒，这便是作伪了。

(3)现在的丧礼还有一种大坏处，就是一方面虽然废去古代的繁重礼节，一方面又添上了许多迷信的，虚伪的，野蛮风俗。例如地狱天堂，轮回果报等等迷信，在丧礼上便发生了和尚念经超度亡人，棺材头点“随身灯”，做法事“破地狱”，“破血盆湖”……等等迷信的风俗。

(4)现在我们讲改良丧礼，当从两方面下手。一方面应该把古丧礼遗下的种种虚伪仪式删除干净，一方面应该把后世加入的种种野蛮迷信的仪式删除干净。这两方面破坏工夫做到了，方才可以有一种近于人情，适合于现代生活状况的丧礼。

(5)我们若要实行这两层破坏的工夫，应该用什么做去取的标准呢？我仔细想来，没有绝对的标准，只有一个活动的标准，就是“为什么”三个字。我们每做一件事，每行一种礼，总得问自己：我为什么要做这件事？为什么要行那种礼？（例如我上面所举“点主”一件事）能够每事要寻一个“为什么”，自然不肯行那些说不出为什么要行的种种陋俗了。凡事不问为什么要这样做，便是无意识的习惯行为。那是下等动物的行为，是可耻的行为！

原载《新青年》六卷六号

（选自《胡适文存》1集，亚东图书馆1921年版）

回丧与买水

扫一扫，
收听有声版 ♫

周作人

英国弗来则博士著《普许嘿之工作》（F.G.Frazer *Psyche's Task*）第五章云，野蛮人送葬归，惧鬼魂复返，多设计以阻之。通古斯人以雪或木塞路。缅甸之清族则以竹竿横放路上。纳巴耳之曼伽族葬后一人先返，集棘刺堆积中途，设为障碍，上置大石，立其上，一手持香炉，送葬者悉从石上香烟中过，云鬼闻香逗留，不至乘生人肩上越棘刺而过也。《颜氏家训》卷二云，"偏傍之书，死有归杀，子孙逃窜，莫肯在家，画咒书符，作诸厌胜。丧出之日，门前燃火，户外列灰，祓送家鬼，章断注连。凡如此比，不近有情，乃儒雅之罪人，弹议所当加也。"今绍兴回丧，于门外焚谷壳，送葬者跨烟而过，始各返其家，其用意相同，即防鬼魂之附着也。

周去非《岭外代答》卷六云，“钦人始死，孝子披发顶竹笠，携瓶瓮，持纸钱，往水滨号恸，掷钱于水而汲归浴尸，谓之买水，否则邻里以为不孝。今钦人食用以钱易水以充庖厨，谓之沽水者，避凶名也。邕州溪峒则男女群浴于川，号泣而归。”今绍兴人死将敛，孝子衣死者之衣，张黄伞，鼓乐导至水次，投铜钱铁钉各一，汲水归以浴尸，亦名买水，盖死者自购水于水神也。俗传满洲入关，越人有“生降死不降”之誓，故敛时束发为髻而不辫，又不用清朝之水，自出钱买之，观《岭外代答》所记则此风宋时已有之，且亦不限于越中一隅也。绍兴转煞之仪式亦颇郑重，煞即起于倾浴尸水之地，状如流星，本为死者之魄，唯又别有煞神，人首鸡身，相传旧有牝牡二神，赵匡胤未遇时投宿人家，值回煞，攫得其一食之，以后世间遂只有雌神云。

以上是张辫帅复辟的那几天，在会馆破屋中看书遣闷时随笔的一则，前后已有十年，那时还写的是三脚猫的文言，但内容还有点趣味，所以把它抄在这里。我们可以看出野蛮思想怎样根深蒂固地隐伏在现代生活里，我们自称以儒教立国的中华实际上还是在崇拜那正流行于东北亚洲的萨满教。有人背诵孔孟，有人注释老庄，但他们（孔老等）对于中国国民实在等于不曾有过这个人。海面的波浪是在走动，海底的水却千年如故。把这底下的情形调查一番，看中国民间信仰思想到底是怎样，我想这倒不是一件徒然的事。文化的程度以文明社会里的野蛮人之多少为比例，在中国是怎么一个比例呢？

（选自《自己的园地》，岳麓书社1987年版）

扫一扫，
收听有声版♫

墓碣文

鲁 迅

我梦见自己正和墓碣对立，读着上面的刻辞。那墓碣似是沙石所制，剥落很多，又有苔藓丛生，仅存有限的文句——

……于浩歌狂热之际中寒；于天上看见深渊。于一切眼中看见无所有；于无所希望中得救。……

……有一游魂，化为长蛇，口有毒牙。不以啮人，自啮其身，终以殒颠。……

……离开！……

我绕到碣后，才见孤坟，上无草木，且已颓坏。即从大阙口中，窥见死尸，胸腹俱破，中无心肝，而脸上却绝不显哀乐之状，但蒙蒙如烟然。

我在疑惧中不及回身，然而已看见墓碣阴面的残存的文句——

……抉心自食，欲知本味，创痛酷烈，本味何能知？……

……痛定之后，徐徐食之。然其心已陈旧，本味又何由知？……

……答我，否则，离开！……

我就要离开。而死尸已在坟中坐起，口唇不动，然而说——

“待我成尘时，你将见我的微笑！”

我疾走，不敢反顾，生怕看见他的追随。

一九二五年六月十七日

（选自《鲁迅全集》2卷，人民文学出版社1981年版）

扫一扫，
收听有声版♫

死后

鲁迅

我梦见自己死在道路上。

这是那里，我怎么到这里来，怎么死的，这些事我全不明白。总之，待到我自己知道已经死掉的时候，就已经死在那里了。

听到几声喜鹊叫，接着是一阵乌老鸦。空气很清爽——虽然也带些土气息，——大约正当黎明时候罢。我想睁开眼睛来，他却丝毫也不动，简直不像是我的眼睛；于是想抬手，也一样。

恐怖的利镞忽然穿透我的心了。在我生存时，曾经玩笑地设想：假使一个人的死亡，只是运动神经的废灭，而知觉还在，那就比全死了更可怕。谁知道我的预想竟的中了，我自己就在证实这预想。

听到脚步声，走路的罢。一辆独轮车从我的头边推过，大约是重载的，轧轧地叫得人心烦，还有些牙齿𪙧。很觉得满眼绯红，一定是太阳上来了。那么，我的脸是朝东的。但那都没有什么关系。切切嚓嚓的人声，看热闹的。他们踹起黄土来，飞进我的鼻孔，使我想打喷嚏了，但终于没有打，仅有想打的心。

陆陆续续地又是脚步声，都到近旁就停下，还有更多的低语声：看的人多起来了。我忽然很想听听他们的议论。但同时想，我生存时说的什么批评不值一笑的话，大概是违心之论罢：才死，就露了破绽了。然而还是听；然而毕竟得不到结论，归纳起来不过是这样——

“死了？……”

“嗡。——这……”

“哼！……”

“啧。……唉！……”

我十分高兴，因为始终没有听到一个熟识的声音。否则，或者害得他们伤心；或则要使他们快意；或则要使他们加添些饭后闲谈的材料，多破费宝贵的工夫；这都会使我很抱歉。现在谁也看不见，就是谁也不受影响。好了，总算对得起人了！

但是，大约是一个蚂蚁，在我的脊梁上爬着，痒痒的。我一点也不能动，已经没有除去他的能力了；倘在平时，只将身子一扭，就能使他退避。而且，大腿上又爬着一个哩！你们是做什么的？虫豸！？

事情可更坏了：嗡的一声，就有一个青蝇停在我的颧骨上，走了几步，又一飞，开口便舐我的鼻尖。我懊恼地想：足下，我不是什么伟人，你无须到我身上来寻做论的材料……。但是不能说出来。他却从鼻尖跑下，又用冷舌头来舐我的嘴唇了，不知道可是表示亲爱。还有几个则聚在眉毛上，跨一步，我的毛根就一摇。实在使我烦厌得不堪，——不堪之至。

忽然，一阵风，一片东西从上面盖下来，他们就一同飞开了，临走时还说——

“惜哉！……”

我愤怒得几乎昏厥过去。

木材摔在地上的钝重的声音同着地面的震动，使我忽然清醒，前额上感着芦席的条纹。但那芦席就被掀去了，又立刻感到了日光的灼热。还听得有人说——

“怎么要死在这里？……”

这声音离我很近，他正弯着腰罢。但人应该死在那里呢？我先前以为人在地上虽没有任意生存的权利，却总有任意死掉的权利的。现在才知道并不然，也很难适合人们的公意。可惜我久没了纸笔；即有也不能写，而且即使写了也没有地方发表了。只好就这样地抛开。

有人来抬我，也不知道是谁。听到刀鞘声，还有巡警在这里罢，在我所不应该“死在这里”的这里。我被翻了几个转身，便觉得向上一举，又往下一沉；又听得盖了盖，钉着钉。但是，奇怪，只钉了两个。难道这里的棺材钉，是只钉两个的么？

我想：这回是六面碰壁，外加钉子。真是完全失败，呜呼哀哉了！……

“气闷！……”我又想。

然而我其实却比先前已经宁静得多，虽然知不清埋了没有。在手背上触到草席的条纹，觉得这尸衾倒也不恶。只不知道是谁给我花钱的，可惜！但是，可恶，收敛的小子们！我背后的小衫的一角皱起来了，他们并不给我拉平，现在抵得我很难受。你们以为死人无知，做事就这样地草率么？哈哈！

我的身体似乎比活的时候要重得多，所以压着衣皱便格外的不舒服。但我想，不久就可以习惯的；或者就要腐烂，不至于再有什么大麻烦，此刻还不如静静地静着想。

“您好？您死了么？”

是一个颇为耳熟的声音。睁眼看时，却是勃古斋旧书铺的跑外的小伙计。不见约有二十多年了，倒还是那一副老样子。我又看看六面的壁，委实太毛糙，简直毫没有加过一点修刮，锯绒还是毛毵毵的。

“那不碍事，那不要紧。”他说，一面打开暗蓝色布的包裹来。“这是明板《公羊传》，嘉靖黑口本，给您送来了。您留下他罢。这是……。”

“你！”我诧异地看定他的眼睛，说，“你莫非真正胡涂了？你看我这模样，还要看什么明板？……”

“那可以看，那不碍事。”

我即刻闭上眼睛，因为对他很烦厌。停了一会，没有声息，他大约走了。但是似乎一个蚂蚁又在脖子上爬起来，终于爬到脸上，只绕着眼眶转圈子。

万不料人的思想，是死掉之后也还会变化的。忽而，有一种力将我的心的平安冲破；同时，许多梦也都做在眼前了。几个朋友祝我安乐，几个仇敌祝我灭亡。我却总是既不安乐，也不灭亡地不上不下地生活下来，却不能副任何一面的期望。现在又影一般死掉了，连仇敌也不使知道，不肯赠给他们一点惠而不费的欢欣。……

我觉得在快意中要哭出来。这大概是我死后第一次的哭。

然而终于也没有眼泪流下；只看见眼前仿佛有火花一闪，我于是坐了起来。

一九二五年七月十二日

（选自《鲁迅全集》2卷，人民文学出版社1981年版）

冥 屋

扫一扫，
♫ 收听有声版

茅 盾

小时候在家乡，常常喜欢看东邻的纸扎店糊“阴屋”以及“船、桥、库”一类的东西。那纸扎店的老板戴了阔铜边的老花眼镜，一面工作一面和那些靠在他柜台前捧着水烟袋的闲人谈天说地，那态度是非常潇洒。他用他那熟练的手指头折一根篾，捞一朵浆糊，或是裁一张纸，都是那样从容不迫，很有艺术家的风度。

两天或三天，他糊成一座“阴屋”。那不过三尺见方，两尺高。但是有正厅，有边厢，有楼，有庭园；庭园有花坛，有树木。一切都很精致，很完备。厅里的字画，他都请教了镇上的画师和书家。这实在算得一件“艺术品”了。手工业生产制度下的“艺术品”！

它的代价是一块几毛钱。

去年十月间，有一家亲戚的老太太“还寿经”[1]。我去“拜揖”，盘桓了差不多一整天。我于是看见了大都市上海的纸扎店用了怎样的方法糊“阴屋”以及“船、桥、库”了！亲戚家所定的这些“冥器”，共值洋四百余元；“那是多么繁重的工作！”——我心里这么想。可是这么大的工程还得当天现做，当天现烧。并且离烧化前四小时，工程方才开始。女眷们惊讶那纸扎店怎么赶得及，然而事实上恰恰赶及那预定的烧化时间。纸扎店老板的精密估计很可以佩服。

我是看着这工程开始，看着它完成；用了和儿时同样的兴味看着。

这仍然是手工业，是手艺，毫不假用机械；可是那工程的进行，在组织上，方法上，都是道地的现代工业化！结果，这是商品；四百余元的代价！

工程就在做佛事的那个大寺的院子里开始。动员了大小十来个人，作战似的三小时的紧张！“船”是和我们镇上河里的船一样大，“桥”也和镇上的小桥差不多，“阴屋”简直是上海式的三楼三底，不过没有那么高。这样的大工程，从扎架到装璜，一气呵成，三小时的紧张！什么都是当场现做，除了“阴屋”里的纸糊家具和摆设。十来个人的总动员有精密的分工，紧张连系的动作，比起我在儿时所见那故乡的纸扎店老板捞一朵浆糊，谈一句闲天，那种悠游从容的态度来，当真有天壤之差！“艺术制作”的兴趣，当然没有了；这十几位上海式的“阴屋”工程师只

---

① 还寿经：为了表示儿子的孝心，在父母寿辰时（大概是五十以后逢十的寿辰）请和尚念经，叫做“还寿经”，这是嘉兴、湖州一带的风俗。

是机械地制作着。一忽儿以后，所有这些船，桥，库，阴屋，都烧化了；而曾以三小时的作战精神制成了它们的“工程师”，仍旧用了同样的作战的紧张帮忙着烧化。

和这些同时烧化的，据说还有半张冥土的房契（留下的半张要到将来那时候再烧）。

时代的印痕也烙在这些封建的迷信的仪式上。

一九三二年十一月八日

（选自《茅盾散文速写集》，人民文学出版社1980年版）

扫一扫，
收听有声版♫

不甘寂寞

叶圣陶

今年夏间，铮子内姑母病殁。当热作昏沉的时候，对她的侄女口述四语道：“凄风苦雨，是我归程。蓬莱不远，到处飞行。”

科学观点说起来，所谓精神是有机体发展到了一定阶段产生出来的，它是某些有机体特有的生理上的属性或机能；换言之，它是有机体的神经系统发生的一种作用；有机体破坏，精神作用也就跟着消灭。但是，就一般人情说，死如果等于“从此消灭”，把以前曾经存在的账一笔划断，那是非常寂寞的事。受不住这寂寞，就来了死后依然存在的想头。依然存在，自当有所处的境界和相与的伴侣。这各依自己的信仰和想象来决定；在已经走近了生死界线的当儿，往往会造成一些“奇迹”，供后死者传说不休。如信鬼者临死，会有祖先或亡故的亲属到来，导往冥土；基督徒就遇见生着鸟翅膀的天使，迎归天国；佛门弟子则由佛来接迎，往生净土，试翻《净土圣贤录》，这类故事不可胜数。基督徒何以不会遇见祖先或亡故的亲属呢？蒙佛接引的又何以只限于信佛的人？这其间的缘故，原是一想就可以明白的。

最受不住这种寂寞的应该是修持净土的人了。他们把死看做住生净土与堕入地狱的歧路口。其设想净土与地狱，都源于死后依然存在这一念；而净土悦乐，地狱痛苦，所以临到歧路口必须趋此舍彼。于是一心念佛，平生用尽功夫；指望临命终时，此心不乱，仍能念诵佛号，蒙佛引归净土。还恐怕自力不够，就预先告诫亲属后辈，当己临终，慎勿啼哭，啼哭则此心散乱，就将堕入地狱苦趣；惟有助念佛号，最是功德无量。曾读当代某大师的文抄，厚厚的四本，差不多全讲这些：教人对于死这一件大事怎样去做预备功夫。他们的不甘寂寞也就可想而知了。

“蓬莱不远”的蓬莱正无异于基督徒的天堂和佛门弟子的净土。

再从送死者这方面说，断了气的一个人如果就此灵爽无存，斩绝了曾与世间发生过的一切关系，那也是非常寂寞的事。承认他存在于另一个世界里吧；惟有这样才好比宝物虽不在手头，而存放在外库里，并非就此失掉，就也足以自慰。从这一念，于是来了种种送死的花样。

这回因铮子内姑母的丧事，把久已忘怀了的故乡种种送死的花样温理了一遍。逢七，或请和尚唪经，或延道士礼忏。让死者受佛门的戒，由和尚给与法名；另一方面，道士“给箓”的法场，派定死者在瑶池会上当一份小差使，也给与道号。佛教徒呢？道教徒呢？只好说“兼收并蓄”。

逢七前一天，到各个城隍庙去烧“七香”。城隍是冥土的地方官，到他们那里去烧香，无非希望他们对于新隶治下的鬼魂高抬贵手，不要十分为难；老实说，就是去行贿赂。既已是佛门的戒徒，瑶池会上的“职仙”，何以又成为城隍治下的鬼魂呢？这其间的矛盾谁也不去想，总之，多方打点，只求对死者“死后的生活”有利。

纸制的服用器物，凡想得到的都特制起来焚化。细针凿花的是纱衣，纸背粘一点儿薄棉的是法兰绒，摺成凹凸纹的是绒绳衫，灰纸剪细贴在衣服里面的是“小毛”，黄纸剪细贴在衣服里面的是“大毛”。桌椅箱笼，镜奁盘盒，乃至自鸣钟，热水瓶，色色俱备，而且都是摩登的款式。因为死者生时爱打“麻将”，就给准备一副麻将牌，加上三道“花”，还有“财神”和“元宝”。死者使用这些器物，“死后的生活”大概很“舒齐”的了，只是还没有自己的房子，租赁人家的房子终非久计。据说在最近的将来就有一所纸房子为她建筑起来了。

死者每天进食三次，中午用饭，早晚用点。食毕就焚化纸锭。逢食拿钱，这是阳世生活所没有的。唪经礼忏的日子则焚化得特别多。统计七七中所焚化的纸锭，至少可以堆满半间屋子。普通纸锭是用一张锡箔摺成的：还有用几张锡箔凑合摺成的中空的正方体，名之曰“库”，中间容纳一只菱形的小锭。这东西非常贵重，据说只须有极少的几个，就可以在冥土开一爿“典当”。这回焚化这样的“库”也不少。在冥土，新开的“典当”像上海四马路的书局一样一家一家接连起来了吧。让死者去剥削穷鬼实非佳事，这一层当然不去想它了；想到的只是从此死者将成为冥土的大财主。

灵座旁安置一件铜器，名之曰“磬”，却是碗形圆底的东西。每天须敲这东西四十九下；恐怕少敲或多敲，就用四十九个铜钱来记数。据说死者一直在那里趱行冥土的路程，而冥土是黑暗的，须待磬声一响，才有一段光明照见前路。如果少敲了，光明不继，那就有迷路的危险；多敲了呢，光明太强，耀得趱行者眼花，也许会累她跌交。照这样说，死者并不住佛土，也不在瑶池，也不作城隍治下的鬼魂，也不安居冥土的寓所，享受丰美的起居饮食，也不当许多片“典当”的大老板，吮吸穷鬼们的鬼脂鬼膏，却在那里作踽踽独行的“旅鬼”。

承认死者存在于另一个世界里，可是终于不能确定死者的境况，因为这种种矛盾荒唐的花样原来是由送死者想象出来的。送死者忙着这种种的花样，仿佛得到了抚慰，强烈的悲感就渐渐地轻淡了。

（选自《叶圣陶散文甲集》，四川人民出版社1983年版）

扫一扫，
收听有声版 ♫

祭文·悼词

叶圣陶

参加追悼会回来，若有所失。参加的既然是追悼会，当然会若有所失，有什么好说的？我是说明明赶到了八宝山，明明在礼堂里肃立了十来分钟，可是我的哀思好像没有尽情地宣泄，或竟是简直没有得到宣泄，因而若有所失。

于是联想到两篇祭文：韩愈的《祭十二郎文》，欧阳修的《祭石曼卿文》。

这两篇祭文都收在《古文观止》里。我小时候读得相当熟，背得出，现在可不成了。书架上有中华书局去年重印的《古文观止》标点本，我兼用眼镜放大镜还看得清，就把这两篇重读一遍。

祭文全是对死者说话，仿佛死者就在身边而且句句听得清似的。韩愈对他的侄子十二郎说得非常恳切。他说咱叔侄两个年纪相差不大，嫂嫂说过，韩家的指望就在咱两个身上。他说当年为谋生各地奔跑，以为将来总能够长久共处。他说自己年纪不满四十，眼力差了，头发灰了，牙齿动摇了，只恐寿命难保，使你十二郎抱恨无穷，谁知道你竟先我而死。真的吗？恶梦吗？传来的噩耗怎么会在手头呢？以下说料理十二郎的后事；怎样处置他的遗孤，假如力量够得到，准备把他迁葬到祖坟上。接着发一通感慨，说天涯地角，长期分离，生不得相依，死不得梦见，全是我的不是，还有什么好说。从此我也不再想旁的了，只愿教导你我的儿子，期望他们成长，抚养你我的女儿，准备她们出嫁。话虽说完了，一腔心情可说不完表不尽。“汝其知也邪？其不知也邪？”问十二郎究竟知道不知道，还是仿佛十二郎就在他韩愈身边似的。我想，韩愈写罢这篇祭文，大概在悲痛的同时感到挺舒畅，因为他把哀思尽情地宣泄出来了。

欧阳修的《祭石曼卿文》三次说“呜呼曼卿！”当然是对石曼卿说话。一说他石曼卿必然会有传世的声名。二说他石曼卿该不与万物同腐，可又想到自古圣贤都只剩枯骨和荒坟。三说自己系念跟石曼卿的交情，不能把盛衰之理看透，因而悲怆非常。这一篇是韵文，如果善于念，念起来叮叮当当，铿锵有致，相当好听。可是就祭文而论，未免嫌其泛。换句话说，只要你不管对象，只图自己发一通感慨，那么用来祭无论哪个朋友都成，不限于石曼卿。

单凭两篇祭文当然不能判定韩欧二人文笔和风格的高低。如果给这两篇祭文评分，大概谁都会说韩的得分该比欧多吧。

祭文全是对死者说话，好像是相信有鬼论，不相信神灭论，可能有人要说这是古人的局限性。我倒要为古人辩护，人类可能永远难免局限性，古文这点儿局限性又算得了什么？

读完两篇祭文，再想如今的追悼会。追悼会不用什么祭文而用悼词，悼词不是对死者说话，全是对在场的参加者说话，可以这么说，在这一点上，咱们逾越了古人的局限性了。

毛主席不是说过吗？“今后我们的队伍里，不管死了谁，不管是炊事员，是战士，只要他是做过一些有益的工作的，我们都要给他送葬，开追悼会。这要成为一个制度。这个方法也要介绍到老百姓那里去。村上的人死了，开个追悼会。用这样的方法，寄托我们的哀思，使整个人民团结起来。”按毛主席的意思，悼词自然是对在场的参加者说的，惟有充分表达大伙儿的哀思，才能使大伙儿深深感动，更加团结。悼词中历叙死者的经历和工作，表扬死者的业绩，勉励大伙儿化悲痛为力量，学习死者的所有优长，这些都是必要的。但是还有一点很重要，必须表达大伙儿的哀思。因此我想，悼词和祭文虽然不是一回事，也该写得《祭十二郎文》那样恳切，不宜写得《祭石曼卿文》那样泛。

悼词的话全是对在场的参加者说的，却有例外。某些悼词的末了一句话是对死者说的，就是“某某同志，安息吧！”

读者同志假如不嫌啰嗦，请容许我谈谈这个“某某同志，安息吧！”

据我的未必可靠的记忆，前些年在悼词的末了用这个话作结的相当普遍。一九七三年七月中旬，首都举行章士钊先生追悼会，郭老致悼词，却没有说这个话，我记得特别清楚。从此以后，或用或不用，好像不用的比较多，不过不敢说定，最近还听见过两次呢。

我一向反对这个“某某同志，安息吧！”每听见一回，总感到异常不舒服，难以描摹。为什么不舒服，大概有四点：

通篇悼词全是对在场的参加者说，惟有这一句是对死者说，文体见得不纯。这是一。

感情太激动了，有时把死者当成活人，跟他唠唠叨叨说一通，也是有的。但是在二十世纪七十年代的末了这么做，未免犯了跟韩愈欧阳修同样的局限性，总之不怎么好。这是二。

对死者说“安息吧”是从哪儿来的？原来是天主教里的规矩。天主教徒念完了为死者祈祷的经文，就在死者身上浇圣水，同时念“Reguiescat in Pace!”（据说是“安息吧！”的拉丁文。）并非天主教徒为什么要仿效天主教的殡仪呢？这是三。

死者死了，嘱咐他“安息吧！”有时还要加重语气说“永远安息吧！”这里头包含着多少为死者庆幸，替死者安慰的意味啊！这个意味的反面，不就是为人在世究竟没有多大意思，活一辈子，无非辛辛苦苦，劳劳碌碌，如今好了，你可以享受安息的幸福了吗？这个意味，对死者毫无关系，因为究竟活好死好他再也没法考虑了，可是对活人却大有关系。这是四。

我老是在希望，“某某同志，安息吧！”这句话“永远安息吧！”

（选自《叶圣陶散文乙集》，三联书店1984年版）

扫一扫，
收听有声版♫

送殡的归途

夏丏尊

“唉！老王真死得可悲。——现在让他好好地独自困在会馆里吧。连日你我为了他的病，真累够了，该去散散才是。唫，一道到什么地方去看电影好吗？”

“……”

“怎么？”

“没有什么。我想起陶渊明的诗了。‘向来相送人，各自还其家。亲戚或余悲，他人亦已歌。’才送朋友的丧回来，就去看电影吗？”

“那么依你说，我们应该留在棺材旁边流泪陪他，或者更进一步，生起和他同样的病来跟他死掉！”

“这是笑话了。老王有知，也决不愿我们如此的。你看老王的夫人，这几天虽然哭得很利害，再过几天一定不会再哭了。何况我们是他的朋友。”

“人到了死的时候，父母妻儿朋友原都是无法帮助的。”

“岂但死的时候呢，活着的时候，旁人能帮助的也只是极浅薄极表面的一部分。真正担当着这一切的，还不是这孤零零的自己！人本来是一个个的东西。想到这里，我觉得人生是寂寞的。”

“你这寂寞和普通所谓寂寞不同，颇有些宗教气了哩。”

“呃，这是一种无可奈何的寂寞。宗教的起因，也许就为了人类有这种寂寞的缘故。我现在尚不信宗教，我只想把这寂寞来当作自爱自奋的出发点。反正人是要靠自己的，乐得独来独往地干一生。”

“好悲壮的气概！”

“……”

一九三五年一月

（选自《夏丏尊文集》，浙江人民出版社1983年版）

扫一扫，
收听有声版♫

盂兰夜

芦 焚

穿过街和街，人乏了。街引着无归意的人，是那样的长。

“哪儿去呢？”

并非问谁，因为不曾停住步，因为是只有一个人。

天早已入夜，银的琵琶在树梢弹奏；谁家的寡妇，她是如此年青——低低的吟哦，一阕塞外人家的秋风曲，却没有人能辨识她是唱歌或是泣咽。那声音，透过厚厚的墙，矮矮的家屋，落向茵茵的草地，行人的脚边，忘归的人的心。

风偷偷依入怀抱，又轻轻摸过人的脸，像初识风情的女娘。槐树的叶，睐着乌溜溜的眼，发出叹息似的絮话。梓楸却摇了摇大的耳朵。街上正经过一盏盏的灯笼；谁家的孩子，又是谁家的灯——蓝的，红的，莲花的，柿子的，幌幌的来，又幌幌的去。

“六儿，您的干么不红啊？”一个孩子说。

“你那个就长也长不到俺的大。”另一个孩子答。

枝头的花已谢，孩子心头的花开了罢。他们打着灯笼走过长街，并非为死者。

“那么，无处归落的亡魂又当怎样？”

并非问谁；然而只有一个人的时候，每每问的愈多。

让他们——亡魂——夜游在沙漠上，山谷里，旷野上，荒冢间，燐火照亮来去无踪的路。

踏着秋风吹过的路；路上颤颤的幌着孩子们红的灯笼。

“小沂子，瞧谁跑的快！”

谁跑的快呢，都那么一朵花儿似的年纪，有着满心的幸福和辽阔的前途。孩子们一阵风跑丢，带去了快乐，落下一阵足音，还落下空荡荡一街的凄惶和寂寞。

街是荒凉的，也是热闹的——念忏经，烧渡船，河里的水上还放下引向天堂之路的灯，说是为了超渡抗敌战死的亡魂。这是说，他们的死还不够责罚，生前的罪孽太深重了，只有将军和慈善家是干净的。

走过长街，默然听着自己的脚声。孩子的红灯不知几时已经消失，只留得银的琵琶还在树梢弹奏。谁家的寡妇呢，她是如此的年青，——低声吟哦，一阕塞外人家的秋风曲，却没有人知道她是唱歌或是低咽。

（选自《黄花苔》，上海良友图书公司1937年版）

山村的墓碣

扫一扫，
♫ 收听有声版

冯 至

德国和瑞士交界的一带是山谷和树林的世界，那里的居民多半是农民。虽然有铁路，有公路，伸到他们的村庄里来，但是他们的视线还依然被些山岭所限制，不必提巴黎和柏林，就是他们附近的几个都市，和他们的距离也好像有几万里远。他们各自保持住自己的服装，自己的方言，自己的习俗，自己的建筑方式。山上的枞林有时稀疏，有时浓密，走进去，往往是几天也走不完。林径上行人稀少。但对面若是走来一个人，没有不向你点头致意的，仿佛是熟识的一般。每逢路径拐弯处，总少不了一块方方的指路碑，东西南北，指给你一些新鲜而又朴实的地名。有一次，我正对着一块指路碑，踌躇着，不知应该望哪里走，在碑旁草丛中又见到另外一块方石，向前仔细一看，却是一座墓碣，上边刻着：

"一个过路人，不知为什么，
走到这里就死了。
一切过路人，从这里经过，
请给他作个祈祷。"

这四行简陋的诗句非常感动我，当时我真愿望，能够给这个不知名的死者作一次祈祷。但是我不能。小时候读过王阳明的瘗旅文，为了那死在瘴疠之乡的主仆起过无穷的想象；这里并非瘴疠之乡，但既然同是过路人，便不自觉地起了无限的同情，觉得这个死者好像是自己的亲属，说得重一些，竟像是所有的行路人生命里的一部分。想到这里，这铭语中的后两行更语重情长了。

由于这块墓碣我便发生了一种从来不曾有过的兴趣：走路时总是常常注意路旁，会不会在这寂静的自然里再发现这一类的墓碣呢？人们说，事事不可强求，一强求，反而遇不到了。但有时也有偶然的机会，在你一个愿望因为不能达到而放弃了以后，使你有一个意想不到的收获。我在那些山村和山林里自然没有再遇到第二座这样的墓碣，可是在我离开了那里又回到一个繁华的城市时，一天我在一个旧书店里乱翻，不知不觉，有一个二寸长的小册子落到我的手里了。封面上写着："山村的墓碣。"打开一看，正是瑞士许多山村中的墓碣上的铭语，一个乡村牧师搜集的。

欧洲城市附近的墓园往往是很好的散步场所，那里有鲜花，有短树，墓碑上有美丽的石刻，人们尽量把死点缀得十分幽静；但墓铭多半是千篇一律的，无非是“愿你在上帝那里得到永息”一类的话。可是这小册子里所搜集的则迥然不同，里边到处流露出农人的朴实与幽默，他们看死的降临是无法抵制的，因此于无可奈何中也就把死写得潇洒而轻松。我很便宜地买到这本小册子，茶余饭罢，常常读给朋友们听，朋友们听了，没有一个不诧异地问：“这是真的吗？”但是每个铭语下边都注明采集的地名。我现在还记得几段，其中有一段这样写着：

“我生于波登湖畔，
我死于肚子痛。”

还有一个小学教师的：

“我是一个乡村教员，
鞭打了一辈子学童。”

如今的人类正在大规模地死亡。在无数死者的坟墓前，有的刻上光荣的词句，有的被人说是可鄙的死亡，有的无人理会。可是瑞士的山中仍旧保持着昔日的平静，我想。那里的农民们也许还在继续刻他们的别饶风趣的墓碣吧。有时我为了许多事，想到死的问题，在想得最严重时，很想再翻开那个小册子读一读，但它跟我许多心爱的书籍一样，尘埋在远远的北方的家乡。

一九四三年，写于昆明

（选自《冯至选集》2卷，四川文艺出版社1985年版）

扫一扫，
收听有声版 ♫

送葬的行列

袁鹰

马路上蓦然起了一阵纷扰。不是由于刚从前方撤下来的伤兵坐三轮车不给钱，还殴打三轮车夫；不是由于疾驰而过的挂着星条旗的军用吉普傲然地撞倒行人；也不是为极度饥饿所驱使的瘪三抢了大饼摊上的冷大饼而被抓住……然而，路上行人停下脚步了，等电车的乘客、来去匆匆的过往行人、人力车夫、小贩、摆报摊的、擦皮鞋的，几乎忘却自己要做的事，全神贯注地朝马路当中行注目礼。小孩子更是活跃，三三两两地从这里那里聚拢来，叽叽喳喳，像麻雀似的叫个不停。那盛况，虽还比不上“夹道欢迎”，但比起看猢狲出把戏，其热烈的程度是不遑多让的。

就在马路两边人们的注视下，一支送葬的行列正缓缓地经过闹市。

这支队伍不算怎么长，却也并不短，是够行人停下脚步七八分钟以至十分钟之久。开头是两个扛堂灯的，那一对大灯笼上的字模糊不清，可是瞧的人肚里明白，那个模糊不清的字就是死者的姓氏，也不用多打听。堂灯后面紧跟着一班军乐队，衣冠楚楚，整齐而挺括，帽子和衣袖上全镶着黄白两色丝条，引起一些孩子们的羡慕和神往。洋鼓洋号，吹打得十分热闹，至于吹的曲子，也许很想让听众陪伴死者缅怀失去的豪华，先是一些不成腔的滥调，继之是《苏武牧羊》，待到后来快要在十字路口转弯时，则已奏起《何日君再来》了。

在军乐队后面，是一群套着绿色衣衫的孩子，就是我们通常称之为“小堂名”的。他们虽然被套上了极不合体的外衣，还加上马褂，那样子颇为滑稽可笑，但终究同死者并无关系，不过为了几个钱，同雇来的军乐队的身份是一致的，因而跳跳蹦蹦，吹打江南丝竹，嬉笑颜开。脱不了流浪儿的本色。再后面的一批“龙凤吹”和掮旗打伞的角色就不同了。这些人，本来就是马路上的好汉，包括游手好闲的，聚众打架的，抽白面的，叫化子，专门靠红白喜事人家的残羹剩饭过活的，面目猥琐，形容枯槁，而他们一律套了一件早已褪了色的红绿外衣，有如我们在戏台上常见到的龙套一样，叫人一下子辨不清他们的本来面目。而那些由于风吹日晒早已褪了色露出原形的外衣，披在这些奴才和帮闲的嶙嶙的瘦骨上，就越发显得破烂不堪了。

这中间还有一顶黄龙伞，一样地褪了色的。黄龙伞是个威武、尊严的东西，煊赫得足以使人下跪叩首的，但是今天已无复往昔的架势。由一个黧黑伶仃的老汉吃力地掮着，摇摇欲坠。“小堂名”和掮旗打伞的帮闲们簇拥着，吹吹打打，懒懒散散地走了过去。

后边就是一具被抬着的棺木，棺木上最显著的是一根扎着龙头的长扛，人们叫它“独龙杠”的。“独龙杠”出典不详，也许是由于死者生前未能实现爬上龙座的美梦，才在棺材里聊以自慰吧。没有人知道这死者是谁，生平有些什么样的业绩，但无论如何，生前是位“大亨”是没有疑问的。不管他是极尽人间荣华富贵也罢，作威作福横行一方也罢，满嘴仁义道德，骨子里男盗女娼也罢，到临了总逃不脱历史老人给他安排的下场。你看那棺材沉甸甸的，此人一定带着无穷无尽的遗憾死去。路旁观者如堵，眼神冷漠，很有点“眼看他起朱楼，眼看他宴宾客，眼看他楼塌了”的味道。

棺材后边，则是一群死者的亲属了。披麻戴孝的儿女们，“泣血稽颡”自不必说。其实，既未必“泣血”，更不会“稽颡”，有点悲伤和凄惶是真的，但又何尝不在那儿一边走一边默默地计算着怎样多夺点遗产呢。“静默三分钟，各自想拳经”，鲁迅先生早就一针见血地揭示过谒陵英雄们的嘴脸。这些人比起中山陵前的好汉，自然等而下之，但谁能断定不是一路货色呢？

至于那帮手里拈着一枝香或一条纸幡纸拂跟在后边走的吊客，就更加形形色色，众妙毕呈了。有的可能碍于死者和生者的情面，作忧戚状，煞有介事；有的却谈笑自若，同身边前后的人不断地随意交谈，好像在逛一次马路。几个小孩子畏缩而又好奇地拉扯着大人的衣裳，大概搞不清这是怎么一回事，虽然还含着一根棒头糖。

这支送葬的行列，在闹市里走得迟缓而又沉重。是受不住行人的注视呢，还是为太大的哀伤所填塞，以致他们的脚步如此蹒跚无力？那神情，就像送葬者自己也在一步一步走向墓地。那些帮闲和奴才们，虽则极尽巴结之能事，就差一点没有在鼻梁上擦一块白粉，一路上吹吹打打，哭出呜啦，犹丝毫得不到路上人的一点同情。

就这样，一对灯笼过去了，军乐队、龙凤吹、“小堂名”们过去了，掮旗打伞的过去了，棺材过去了，什么“独龙杠”、寿衣寿帽，一起全过去了，孝子孝女们过去了，一大群送葬人也过去了。远了，远了，人们渐渐散开，那意犹未足的闲人，兀自站在路边，目送那支行列。只听得隐隐约约地传来一阵军乐和丝竹各奏的声响，但已分不清奏的什么调子，到后来，连这点轻微的声音也像死人一样地断了气。

一九四八年春天沪北黑水湾

（选自《袁鹰散文选》，四川人民出版社1983年版）

扫一扫，
收听有声版♫

身后事该怎么办？

廖沫沙

“身后”即“死后”的意思。这里问的是：人死之后该怎么办。

人死了，一瞑不视，万念俱消，还有什么“怎么办”的问题呢？

事实不然。他虽死了，他的身后还留有许多同他有关的人和事，首先是活着的人们该把死后的他怎么办。

人死入葬，回答可以很简单；如何葬法，却各有各的主张。在我们的历史上，就曾出现过两大派，即厚葬派和薄葬派。前者以孔子为代表，后者以墨子为代表。汉朝人写过一部书叫《淮南子·要略》，它把这两大派的发展渊源概述如下：“孔子修成康之道，述周公之训，以教七十子，使服其衣冠，修其篇籍，故儒者之学生焉。墨子学儒者之业，受孔子之术，以为其礼烦扰而不悦，厚葬靡财而贫民，服伤生而害事，故背周道而用夏政。……故节财薄葬，闲服生焉。”

孔子同墨子学说上的矛盾，当然不只是厚葬与薄葬问题，但是他们一个是厚葬靡财派，一个是薄葬节财派，倒也是事实。这两派不但有厚与薄之分，靡财（即铺张浪费）与节财之分，而且有贵与贱之分，就是剥削阶级与劳动阶级之分。一位历史学家很反对用阶级分析的观点来给古人划阶级。但是孔子和墨子这两个古人偏不听他的话，就在厚葬与薄葬的问题上，也大讲其富贵贫贱，甚至拿王公大人来同匹夫贱人作对比。例如《墨子》书中，就残留着一段《节葬》，其中举了这两个阶级对“厚葬久丧”的看法：“此存乎王公大人有丧者，曰，棺椁必重，葬埋必厚，衣衾必多，文绣必繁，丘陇必巨。存乎匹夫贱人死者，殆竭家室”。这是说，“匹夫贱人”这类劳动者如果也想学那些剥削阶级的王公大人一样“厚葬”，那就得倾家荡产。

这倒还是次要的，特别是“久丧”，即家里死了人，活着的要长期守“服”。《墨子》书说：“使农夫行此，则必不能早出夜入、耕稼树艺；使百工行此，则必不能修舟车为器皿矣；使妇人行此，则必不能夙兴夜寐，纺绩织纴。”而王公大人们“久丧”，不过是“不能早朝”而已。两者相对比，阶级分明。

孔子的厚葬主张，墨子的薄葬主张是各人站在各人的“阶级立场”说话，是很清楚的。

墨子还提出了相邻的民族一些薄葬的办法：“朽其肉而弃之，然后埋其骨”，或者“聚柴薪而焚之”，这就是火葬；他主张，即使要土葬，也只是“棺三寸，足以朽骨，衣三领，足以朽肉，掘地之深，下无菹漏，气无发泄于上，垄足以期其所，则止矣。”他还主张送葬的人“哭往哭来，反从事乎衣食之财”。送完葬，赶快回来干活、生产。他一再反对王公大人的厚葬，是“辍民之事，靡民之财”。

墨子的薄葬主张，实际是代表劳动者的丧葬观。目的是朽骨、朽肉，化除腐朽，就算完事，不要“靡财”、“辍事”。他说：“衣食者，人之生利也，然且犹尚有节；葬埋者，人之死利也，夫何独无节于此乎”？生活要讲节约，死为什么不讲点节约呢？

问题还不仅于此。“厚葬靡财”和“薄葬节财”这两派主张，除了反映阶级之分而外，还表现了唯心和唯物这两种世界观的对立。

为什么要“厚葬”？在有些人们思想中，无非是人世轮回之类的有神论在作怪。既然死而有知，还要升天堂，于是“葬埋必厚，衣衾必多”，求神拜佛作道场，一切准备齐全，以为这样就会使死者能够在另外一个世界里舒舒服服地过剥削的日子。

墨子是不大相信这类的迷信的，他的“薄葬节财”的主张，自然与此有关。

南北朝时代的著名唯物主义者范缜讲得更要透彻些。他说：“神即形也，形即神也，是以形存则神存，形谢则神灭也”。既然“形谢则神灭”，又何必让活着的人去“厚葬靡财”呢?

古代的一些进步的思想家，对身后之事能看得如此明白，难道我们今人还要去向剥削阶级学习“厚葬靡财”的封建迷信办法么?

（选自《廖沫沙杂文集》，三联书店1984年版）

扫一扫，
收听有声版♫

杨彭年手制的花盆

周瘦鹃

在旧社会，我经过了一重重的国难家难，心如槁木，百念灰冷，既勘破了名利关头，也勘破了生死关头。我本来是幻想着一个真善真美的世界的，而现在这世界偏偏如此丑恶，那么活着既无足恋，死了又何足悲？当时我在《新闻报》上发表了一篇提倡火葬的文字，结尾归纳到自己的身后问题，就是要把我的骨灰装在一只平日最爱好的杨彭年手制的竹根形紫砂花盆里，倒像是立了遗嘱似的。恰恰被一位七十五岁的前辈先生读到了，就责备我道：“你才过五十，如日方中，为甚么如此衰飒，这是万万要不得的。做人总是这么一回事，不如提起兴致来，过一天算一天，千万不要想到死的问题。就是我年逾古稀，还是生趣盎然，从没有给自己身后打算过呢。”我因前辈先生的规劝，原是一片好意，未便和他老人家争辩，只得唯唯称是。

过了一天，又有一位爱好花木的同志赶到我家里来。他倒并不反对火葬，却要瞧瞧我将来安放骨灰的那只最爱好的花盆。抗日战争期间，我住在上海，人家正在投机囤货，忙着发国难财，我却甚么都不囤，只是节衣缩食，向骨董铺子里搜罗宜兴陶质的古花盆，这其间倒也含有些抗日意义的。原来日本人爱好盆栽，而他们自己却做不出好盆，据说先前曾把宜兴蜀山的陶泥装运回去，尽力仿制，而成绩不良，因此专在吾国搜买古盆，凡是如皋、扬州、淮安、泰县各地，都有他们骨董商人的足迹。那边有许多旧家，祖上都是癖爱花木的，而子孙却并不爱花，就把传下来的古盆一起卖给他们，数十年来，几乎都被收买完了。上海的骨董商人投其所好，也往往以古盆卖给日本人，可得善价。我以为这也是吾国国粹之一，自己要种花木，而没有一个好好的古盆，岂不可耻！所以在太平洋战争爆发以前的几年间，我专和日本人竞买，尽我力之所及，不肯退让。在广东路的两个骨董市场中，倒也薄负微名，我每到那里，他们就纷纷把古盆向我兜揽。一连几年，大大小小的买了不少，连同战前在苏州买到的，不下百数。就中有明代的铁砂盆，有清代萧韶明、杨彭年、陈文卿、陈用卿、爱闲老人、钱炳文、陈贯栗、陈文居、子林诸名家的作品，盆底都有他们的钤印，盆质紫砂、红砂、白砂，甚么都有，这就算是我的传家之宝了。

现在那位爱花同志来问我打算把哪一只最爱好的花盆安放骨灰，一时倒回答不出来。记得苏州一位创办火葬场的戎老先生说：火葬时倘不穿衣服，约得重三磅之谱；而我所最爱好的花盆，有很大的，也有很小的，似乎都不相称。末了才想起那只杨彭年手制的竹根形紫砂盆来，不大不小，恰好容纳得下三磅的骨灰。杨氏是乾嘉年间专替陈曼生制砂茶壶的名手，这一个盆子确是他的得意之作。里胎指痕宛然，表面有浮雕的竹节和竹叶，并刻着一首七言律诗，笔致遒逸可喜。我本来对它有偏爱，平日陈列在玻璃橱中，不肯动用，这时拿出来给那位同志仔细观赏。他也觉得给我一个花迷作饰终之用，再合适也没有了。我想将来安放了骨灰之后，还得加以装饰，在盆面上插几枝云朵形的灵芝。再把一块灵莹石作为陪衬，就供在“梅屋”中那只洛阳出土的人马图案的大汉砖上，日常有鲜花作供，好鸟作伴，断然不会寂寞。到了梅花时节，更包围在香雪丛中，香生不断，这真是一个最理想的归宿。要不是火葬，你能把灵柩供在家里吗？所成为问题的，却是亡妇凤君已长眠在灵岩下的绣谷公墓中，我的墓穴也预备了，将来要是不去和她同葬一起，她就得永远地孤眠下去，怕要永永抱恨的。唉！活着既有问题，死了还有问题，且待将来再说吧。

解放以来，我看到了祖国的奋发有为，突飞猛进，我的心情也顿时一变，由消极变为积极，由悲哀变为愉快。我要好好地活下去，至少要活到一百岁。我要把我一切的力量贡献与祖国，我要看到社会主义新中国的实现，和全国人民熙熙然如登春台，同享幸福。到那时我即使死了，也不必再借那只心爱的花盆来作归宿之所，愿意把我的骨灰撒遍祖国的大地，使膏腴的土壤中开出千百万朵美丽的花来，装点这如锦如绣的大好河山，向我可爱的祖国献礼致敬！

可是“天有不测风云，人有旦夕祸福”，万一我不幸而害了不治之症，看不到共产主义新中国的实现就撒手人世了，这……这……这怎么办呢？但是想到了祖国有希望，有办法，这一天终于会来，也就死而无憾。我愉快地先来把南宋爱国大诗人陆放翁那首临终的名作改上十个字，以示我的子女：

死去元知万事空，我生幸见九州同。他年大业完成后，家祭无忘告乃翁。

（选自《拈花集》，上海文艺出版社1983年版）

扫一扫，
收听有声版♫

大祭

李健吾

天空高爽了，夜幕放长了，叶子坡上碧纱面网，谷穗摊成金黄大海，希望和悲痛拥着废历七月，渐渐步入秋凉的路程。我们准备接受丰富的收获，发现多少识与不识的伴侣失散。他们辛苦一场，给人类立下福利的基础，然后一声不响，就向我们辞行，就同现时永别了。为了获得良心上的安息，我们把虔敬献给他们魂灵。

现在，七月不曾送来安息的消息，害虫莠草还得刈除。红代替了黄，血染遍了花，一个伟大的民族正在为他的子孙争夺永久和平。

让我们赶着季节燃上感激的香烛。

我们将世世代代记牢你们，英勇的国殇。年纪有的不过十五六岁，万里迢迢赶到火线，来不及向父母招手，便把荣誉的孤苦留给耄耋。有的不顾妻小，由她挽着儿女，眼巴巴望着村头的影迹，便硬起心肠扑向敌人，血洒在肥厚的塍垡，为了保护自己和别人的妻小。经过二十年的纷扰，大家觉悟了，认清了真正的峥嵘面目。我们只有一个敌人，那要我们做奴隶的。我们聚起个别的意志，成为一个意志，当着残暴的侵凌，不晓得什么叫做畏缩。是你们战士的浩气凝成祖国的永生。神圣的战争把你们化为神圣。

还有你们，拔剑相助的国宾，投入行伍，殉身在我们的大好山河，我们要永远奠祭。正义把你们和我们的手连在一起，光荣是你们的名姓。

最后你们，可怜的一群，流离颠沛，逃出虎狼的爪牙，未曾逃出酷虐的命运。不肯纳降，你们决然抛下心爱的田井。你们不把弟子留给敌人，身子虽说病弱，怕它输了那口人气，炮火夷平了家园，我们要提出力量翻造一个新的，一个更坚固的。我们是文化的儿女，倒了还会站直。土是我们的产业，我们去了还要回来。只有你们，不幸的老小，踬在死亡的门楣。沟壑是你们的坟茔，哀伤是我们的心情。

黄昏已然罩住大地。透过朦胧的银氛，远远传来幽沉的钟声。星宿在闪烁。白杨在悲鸣。我们垂下头思维，然后夜过去，黎明来了，我们仰起头，挺起胸，合起死者生者两股澎湃的热情，继续为祖国博取崇高的生命。

（选自《李健吾散文集》，宁夏人民出版社1986年版）

扫一扫，
收听有声版♫

看坟人

李健吾

这看坟人，和坟头上鹅黄的小花一样，一点不费力气，溶在我的生命，而且好似异香奇葩，吸住我城市人的心灵。在这晴光明媚的春日，便是这骇人一样的村俗的老头子，也像解了冻的山涧，轻而且快，同时还有些浑浊，流过我的忧郁，我和他蓦地相逢，素昧平生，却像若干年前在一起共事，有过一个相同的节奏。

我并不因为他走近了，特别看他一眼。仿佛望着一棵柏树，我望着这坟墓的伴侣，而且和一颗柏树一样，他摇着他挺直的躯干，好像不在用眼看，却在用心听，听我这犹如晨雀的徘徊者，留散在松柏林里无声的歌颂。犹如接受晨雀每日的光临，他这苍老的柏树，毫无所动于衷，淡淡地，然而亲密地，仿佛见了自己常见的村庄的掮客，柔声道：

“早晨好！”

这仿佛他生命里长句的逗点，轻轻滑过我们的唇舌。他不需要我答应，我也没有答应，仅只点点头，离开他，拢向一座土依然透黄的小冢。我俯下身审量前面短短的碑铭。看坟人向我呢喃道：

“去年才埋的，可长满了草哪！”

一个十四岁的小孩子，碑上仅仅写着他的姓名。他夭折了，还没有尝试，开始要尝试人生的五味，就匆匆告辞，留下这几行字——蕴有人类不少的热情，父母的哀恸，兄姊的涕泣——做我们猜测的标志。还有比石碑更不坚固，比文字更不永久，比痴心更觉无情的纪念？“长满了草”，这透露人生的唯一的消息！过不了好些年，石碑残毁，文字消蚀，痴心散失，只有春草烧不尽，一年高似一年，一直长上石碑的裂罅，顶替了人力的一切！

这砍掉我们虚荣的红缨帽，裸露出人生的秃顶。在世上扰攘了一生，也许白活了若干年，人到垂死的时候，怨天尤命，说他一无所成，倒含一腔酸泪。咽了气——于是埋到地里面，这次真正孤零了，然而不到一年，坟上铺遍了茵草，替他告诉我们，他现在反而有了意义。自然无所不入，便是丑恶也化于它的爱抚，形成高度的庄严。在一种说不出的幽静之中，我领会着自然的谐和，好像刚刚步出肃穆的音乐会，我的精神缓和下来。

然而还有比这更谐和的，是那若有若无的看坟老人？守着别人的坟，眼看着自己就要成一个土堆。和生一样，他会安然死去。他也许没有一点用，仿佛柏树，墓碑，青草，日光，点缀着阴沉的茔地。和田陇上的耕牛一样，他也许操劳一生，等到老了，没有人记起他，犹如我们忘掉一个去世多年的老友，把他贬在死者群里。他接受了他的不幸，而且安于他的运命，因为他自来和一个动物——不，一株植物一样，偶然活了，偶然死去。还有比他更近于自然的，他自己就是自然？

他用不着智慧，以及智慧的副产物——虚荣。和万物一样，他有力量培养自己，终于力量和年月同时消散，和万物一样，或者和波浪一样，不知不觉，溶于自然之流——平静而伟大的自然之流！他不存在，自然是他的存在。活着，他象征自然的奇迹；死了，他完成自然的美丽。他交代他的任务。犹如日月星循行各自的天轨，犹如白天和黑夜的此来彼往，不在人间留下一丝痕迹。

于是我走过去，坐在他身旁的祭台上，好像观察一个希奇的生物，开始注意他黝黑的面孔。平淡无奇，和所有穷苦的乡下老人一样，是深浅相间的皱纹，视若无睹的黯灰的目光，衬着一张唯皮与骨的坎坷的脸庞。从这张窳陋的脸，我可以看见些什么呢？和我这城市人一样，那下面也藏着一个孤独者的悲哀？他的行动提醒我，他不止于形成自然，依旧有一个内心的经验，在苦乐的领受上，和我该有同样的分量，我禁不住问道：

“你在什么地方住？”

顺着他的手，我望见西边，离茔地一亩的光景，一所有些四方的小草房，四周扩出一圈高粱和玉蜀黍的杆子的短墙。

“你一个人？”

他迟疑了一下，搔搔头，然后指着那面一幅耕牛图，向我唧哝道：“我和他们一起住。”

一条并不肥硕的黄牛，拖着宽耙，翻起经冬的冻土。一个十三四岁的孩子跟随着。

“那不是你的孩子？”

“我没有孩子。”

从他答话的粗率，我明白自己多此一问，有伤他的讳莫如深的情感。于是我们沉默了，仿佛怀着敌意，窥伺着一己取胜的机缘。渐渐我心里充满了同情，却不愿意流露于外，只得转过身，望着对面随时可以毁灭的茅舍。这怎样地谐和，一切具有何等如画的境界！然而人的悲哀，不唯致苦自身，还加在自然上面，整个形成一片无色的忧郁。我不敢再问他了，反正我知道灵魂永久漂泊，而灵魂的躯壳永久美丽，犹如自然永久谐和。而所谓人者，在人海孤独于宇宙的进行却是一致。我离开这老态龙钟的看坟人，觉得我像侵犯了他一次，我这属于另一世界的陌生人。

（选自《李健吾散文集》，宁夏人民出版社1986年版）

扫一扫，
收听有声版♫

一份精美别致的讣告

秦 牧

我的抽屉里保存着一份精美别致的讣告，始终舍不碍毁掉它。这是赵丹同志的讣告，由文化部和全国文联联合发出。它以碧绿色的一幅国画作底，那是赵丹画的《出水芙蓉》图，描绘的是荷叶、含苞待放和开得灿烂的荷花。图画上面印的是楷体文字：“一九八〇年十月十日凌晨，人民艺术家赵丹同志离开了我们，享年六十五岁……”最后写的是举行悼念大会的时间和地点。

年龄大了，每年总要收到几张关于逝世同志、戚友们的讣告。一般的讣告，总是大黑边围框，显出一种悲惨肃穆的气氛。大抵举行追悼会之后，我就把那些讣告销毁了。这种以国画垫底的精美别致的讣告，是我生平第一次收到的。它自然也是庄重的，但又给人以一种艺术美感。

我一直保存着它，并不是因为我和赵丹同志有什么深厚关系，对于这位卓越的表演艺术家，我只是一般的认识，见面时就闲聊一下，从没通过信。四次文代会的时候，有一次同席吃饭，赵丹知道我是广东人，就模仿着讲广东的各种方言给我听，哈哈大笑。他对学习方言的确很有才能，虽然不能说已臻于维妙维肖的境界，但却也“八九不离十”，相当到家了。我们的关系，就是这样“一般认识”而已。我保存那张讣告，是出于另一个原因。那就是：由于赵丹临终时表现了异常旷达的精神，听说他的病室经常奏着旋律优美的音乐，他总是含笑接待各方来探病的人，表示不愿看到任何人哭泣，并立下遗嘱，死后不要开追悼会。正是由于赵丹生前有这样的表示，这才促成了那张精美雅致，别开生面的讣告的诞生。

这张讣告不仅形式上是新颖的，它所体现的逝者对待生死的观念也是十分超常拔俗，不同凡响的。那应该说是一种哲人的态度。

活着的时候，努力学习，尽量工作，在面对自然规律，面对自己的衰老和死亡的时候，豁达安详，泰然自若，这是真正具有科学的人生观，革命的人生观的人才能够采取的卓越态度。

现在，立下遗嘱，死后不要开追悼会的人好像渐渐多起来了。三十年代，在上海当过社联主席，解放后当过山西副省长，人大常委会委员的邓初民同志，临终的时候，也立下遗嘱，不要开追悼会。不久以前，曾经长期从事文化工作的民革副主席陈此生同志逝世了，他预立的遗嘱也使人耳目一新。遗嘱说：“我死后，一烧了事，切勿举行告别、追悼以及任何纪念仪式。”又说：“不要把面貌涂脂抹粉，也不要衣冠打扮，只要一张旧床布，把尸体从头到脚包裹，运去烧掉。”“骨灰扔在江里，作为鱼的饲料，也不必登报。”老实说，看到这些资料的时候，我是肃然起敬的。

只有本着理性、科学、革命的眼光来看待生死的人，在正常的死亡的“大限”之前才能够不采取那种一味悲悲切切的态度，并以一种唯物主义者的态度来对待死亡和殡葬方式一类的事情。恩格斯遗嘱把骨灰撒到大海中去，周恩来同志遗嘱把骨灰撒在祖国的江河大地上，印度的甘地遗嘱把骨灰撒进恒河，英国的萧伯纳遗嘱把骨灰撒到自己园子里的玫瑰花丛中……这些人物在好些方面是有所不同的，但是在对待自己来日遗下的骨灰，生前就明确表示不需保存这一点上，却是一致的。我以为这都是哲人的风度。

不少革命者、科学家在对待死亡，对待自己遗体的态度上，超越常人水平的事例，我们可以举出不少。好些革命者，甚至在临刑前夕，还泰然自若地读书，冷静缜密地写着遗书和诗篇。在历史上，好些科学家，因宣传真理而被囚禁的时候，也常常在牺牲之前，仍然从事着科学研究，还有一些科学家、学者，往往立下遗嘱，把自己的遗体捐给学术研究机构解剖，有些还捐献眼球，以便医生取出角膜造福盲人。西欧有些高等学府至今保留着前代科学家、学者的头盖骨的小片，用以纪念在医学科学上的这些具有崇高风格的先驱者。这些人物，政治立场上不一定相同，学识造诣也各有差异，然而在这一点上，他们却具有类似的超凡风格。

人类中总有一些出类拔萃的人物的，处于各个领域，他们都有各自的表现。在对待死亡和丧葬的问题上，也自有这样的人物。在最重丧葬的汉代，因为一桩丧事，常常可以搞到一户人家倾家荡产，吊丧者的吃喝，和尚道士“超度亡魂”的活动，无数的繁文缛节，棺木、墓地的购买，祭祠的建立，……都必须支付庞大得惊人的费用。当年浩繁的支出，固然使我们今天得以看到汉代若干著名祀祠的石刻和发掘出若干具“尸蜡”（例如长沙马王堆女尸之类），但在当时，这样的风气，可不知害苦了多少“蚁民”了。就在这种风气像毒雾似地笼罩在人们头上的时候，却也有人挺身而出，提倡裸葬，主张用布囊盛尸，放入墓穴后脱去布囊，赤条条入土。以免“靡财殚币，腐之地下”。提出这样主张的学人叫做杨黄，他自己立下的遗嘱，就是要儿子们把他的遗体作这样处理的，后来也真的这样做了。

我听一位浙江朋友说，浙江有的地方，把高龄的人的死亡称做“喜丧”，向例不挂白布，而是悬了红布。认为这样的死亡是解脱疾病的痛苦，克享天年的事情，因此并没有把丧礼搞得悲悲惨惨，凄凄切切。这事情可不知道是不是真的，如果是真的，那我以为那个区域的人们，见识着实高出一般人之上。为什么一个高龄而饱受各种疾病折磨的人，或者瘫卧在床上拉屎拉尿，痛苦不堪，连话也不会说的人，他的死亡不应该被视为解脱呢？现在有些人提出，身受不治之症折磨，呻吟病榻，非常痛苦的病人，有权要求医生给他打一针顺当一点结束生命。这是很有道理的。有人认为这样做不人道，有人认为这恰好才是真正的人道。我拥护的是后一观点。人们有不少传统观念是在西方资产阶级影响下形成的。本着辩证唯物主义者的态度，对它们重新检查一下，估计一下，我想只有好处，没有坏处。

因为对待死亡、丧葬这些事情，涉及到一个人人生观的根本之处，涉及到怎样对待自己，对待旁人，对待人民辛勤创造出来的物质财富，是彻底唯物主义者，还是半桶水唯物主义者以至于唯心主义者等等问题，因此，在这样的事情上，以哲人的态度，理性地、科学地加以对待就不是那么容易的了。中国现在的大、中城市里都已推行了火葬（农村和小城镇，土葬还是占着支配地位），火葬现在已经日益流行了。然而在五十年代之初，刚刚提倡火葬的时候，碰到的阻力却非常之大。那时，中央领导同志召集各省省委书记，谈到这个倡议，要大家签字表明态度，如果自己死亡了，一定要火葬。照理说，省委书记都已经是老共产党员，理所当然应该是彻底的唯物主义者，该没有人反对吧！但是事实并不尽然，有一个省委书记无论如何也不肯签字。这件事情，是陶铸同志生前以慨叹的语气亲自告诉过我们的。

试想，作为老共产党员的省委书记，尚且有人对殡葬方式的一点改革，存在这么大的抵触情绪，一般的人，受因袭观念重担的支配程度，就更不待说了。

这种观念，就是认为：好死不如歹活，无论如何缠绵病榻宛如一具活尸，都要比死亡好；而死了的时候，一定要吹吹打打，热闹一番，最好各方亲友，都荟萃一堂来哭泣一场；而遗骸遗灰呢，最好能够保持得好好的，永远让子孙和他人留作纪念。在这种观念的支配下，从前，有些人，一到三十岁就开始买“生基”，以便日后经营“郁郁佳城”（“佳城”云云，就是坟墓），而有钱有权有势的人物呢，一定要像构筑城堡一样来建造自己的坟茔。中国的古代皇帝，常常年纪轻轻的，就开始构筑自己的“地下宫殿”了，还要用碧玉来做枕头，在口里含着珍珠，要点长明灯，要在墙壁上刻佛经以祈求“冥福”，甚至还要活人陪葬，要设“疑冢”。而在外国呢，像古埃及法老那样，坟墓要建成金字塔，死尸要配以香料制成木乃伊，入殓的时候，不但要有棺，而且要有椁，椁还不只一个，要有许多个：木的、铁的、银的、石头的，等等。真是“可谓豪矣”。

现代人自然没有古代的中国皇帝和埃及法老的那个排场了（不是出于“遗嘱”，而是由于业绩，人们主动为之经营的不在此列）。但生前就希望身后仍然热闹一番的大有人在。中国仍然有人希望死后做一番水陆道场，西方有人热中于在自己坟墓上立一个垂下双翼哭泣的天使，显得全世界都在为他的死亡悲伤，连天使也为之堕泪。听说在西方，现在还有人要求把遗体放进冰库保存着，以便有朝一日，“魂兮归来”的时候，有个“身体”可以依附……

类似这些花样，是可以举出许多的。

时移势易，当前的人们，是极少人能够像古代帝王那样举行阔绰的葬仪了，但就不少普通人的心理状态而言，恐怕对那还是相当羡慕的吧！

中国当前的葬仪已经改革了不少，但是认真思索一下，恐怕仍有不少地方需要再改革改革。

正因为这样，我对于那些遗嘱把骨灰撒到大海、土地、河流、花丛中去的人们，对于那些遗嘱不开追悼会的人们，包括赵丹在内，都感到尊敬。单是从这么一件事情上，他们就表现了哲人的风度。这也就是，为什么在我的抽屉里，总是保留着那张精美别致的讣告的缘故。

一九八一年九月·广州

（选自《秦牧自选集》，花城出版社1984年版）

国民之自杀

扫一扫，
♫ 收听有声版

梁启超

发狂之极，其结果乃至于自杀。自杀之种类不一，而要之皆以生命殉希望者也。故凡能自杀者，必至诚之人也。

一私人有自杀，一国民亦有自杀。何谓国民之自杀？明知其道之足以亡国，而必欲由之，是也。夫人苟非有爱国心，则胡不饱食而嬉焉，而何必日以国事与我脑相萦？故凡自杀之国民，必其爱国之度，达于极点者也。既爱之则曷为杀之？彼私人之自杀者，固未有不爱其身者，惟所爱之目的不得达，故发愤而殉之。痛哉自杀！苦哉自杀！

一私人之自杀，于道德上法律上皆谓之有罪。私人且然，况乃一国？死者不可复生，断者不可复续，呜呼，我国民其毋自杀！

不自由毋宁死，固也。虽然，当以死易自由，不当以死谢自由。自杀者，志行薄弱之表征也。呜呼，我强毅之国民，其毋自杀！

有无意识之自杀，有有意识之自杀。今举国行尸走肉辈，皆冥冥中日操刃以杀吾国者也，故惟恃彼辈以外之人，庶几拯之。浸假别出一途以实行自杀主义，是我与彼辈同罪也。呜呼，我有意识之国民，其毋自杀！

原载一九〇三年《新民丛报》四十—四十一号

（选自《饮冰室文集》，中华书局1926年版）

绝命辞

（1905年12月7日）

扫一扫，

♫ 收听有声版

陈天华

呜呼我同胞！其亦知今日之中国乎？今日之中国，主权失矣，利权去矣，无在而不是悲观，未见有乐观者存。其有一线之希望者，则在于近来留学者日多，风气渐开也。使由是而日进不已，人皆以爱国为念，刻苦向学，以救祖国，则十年二十年之后，未始不可转危为安。乃进观吾同学者，有为之士固多，有可疵可指之处亦不少。以东瀛为终南捷径，其目的在于求利禄，而不在于居责任。其尤不肖者，则学问未事，私德先坏，其被举于彼国报章者，不可缕数。近该国文部省有清国留学生取缔规则之颁，其剥我自由，侵我主权，固不待言。鄙人内顾团体之实情，不敢轻于发难。继同学诸君倡为停课，鄙人闻之，恐事体愈致重大，颇不赞成；然既已如此矣，则宜全体一致，务期始终贯彻，万不可互相参差，贻日人以口实。幸而各校同心，八千余人，不谋而合。此诚出于鄙人预想之外，且惊且惧。惊者何？惊吾同人果有此团体也；惧者何？惧不能持久也。然而日本各报，则诋为乌合之众，或嘲或讽，不可言喻。如《朝日新闻》等，则直诋为“放纵卑劣”，其轻我不遗余地矣。夫使此四字加诸我而未当也，斯亦不足与之计较，若或有万一之似焉，则真不可磨之玷也。

近来每遇一问题发生，则群起哗之曰：“此中国存亡问题也。”顾问题有何存亡之分，我不自亡，人孰能亡我者！惟留学者而皆放纵卑劣，则中国真亡矣。岂特亡国而已，二十世纪之后有放纵卑劣之人种，能存于世乎？鄙人心痛此言，欲我同胞时时勿忘此语，力除此四字，而做此四字之反面：“坚忍奉公，力学爱国”。恐同胞之不见听而或忘之，故以身投东海，为诸君之纪念。诸君而如念及鄙人也，则毋忘鄙人今日所言。但慎毋误会其意，谓鄙人为取缔规则问题而死，而更有意外之举动。须知鄙人原重自修，不重尤人。鄙人死后，取缔规则问题可了则了，切勿固执。惟须亟讲善后之策，力求振作之方，雪日本报章所言，举行救国之实，则鄙人虽死之日，犹生之年矣。

诸君更勿为鄙人惜也。鄙人志行薄弱，不能大有所作为，将来自处，惟有两途：其一则作书报以警世；其二则遇有可死之机会则死之。夫空谈救国，人多厌闻，能言如鄙人者，不知凡几！以生而多言，或不如死而少言之有效乎！至于待至事无可为，始从容就死，其于鄙人诚得矣，其于事何补耶？今朝鲜非无死者，而朝鲜终亡。中国去亡之期，极少须有十年，与其死于十年之后，曷若于今日死之，使诸君有所警动，去绝非行，共讲爱国，更卧薪尝胆，刻苦求学，徐以养成实力，丕兴国家，则中国或可以不亡。此鄙人今日之希望也。然而必如鄙人之无才无学无气者而后可，使稍胜于鄙人者，则万不可学鄙人也。与鄙人相亲厚之友朋，勿以鄙人之故而悲痛失其故常，亦勿为舆论所动，而易其素志。鄙人以救国为前提，苟可以达救国之目的者，其行事不必与鄙人合也。鄙人今将与诸君长别矣，当世之问题，亦不得不略与诸君言之。

近今革命之论，嚣嚣起矣，鄙人亦此中之一人也。而革命之中，有置重于民族主义者，有置重于政治问题者。鄙人平日所主张，固重政治而轻民族，观于鄙人所著各书自明。去岁以前，亦尝渴望满洲变法，融和种界，以御外侮。然至近则主张民族者，则以满、汉终不并立。我排彼以言，彼排我以实。我之排彼自近年始，彼之排我，二百年如一日。我退则彼进，岂能望彼消释嫌疑，而甘心愿与我共事乎？欲使中国不亡，惟有一刀两断，代满洲执政柄而卵育之。彼若果知天命者，则待之以德川氏可也。满洲民族，许为同等之国民，以现世之文明，断无有仇杀之事。故鄙人之排满也，非如倡复仇论者所云，仍为政治问题也。盖政治公例，以多数优等之族，统治少数之劣等族者为顺，以少数之劣等族，统治多数之优等族者为逆故也。鄙人之于革命如此。

然鄙人之于革命，有与人异其趣者，则鄙人之于革命，必出之以极迂拙之手段，不可有丝毫取巧之心。盖革命有出于功名心者，有出于责任心者。出于责任心者，必事至万不得已而后为之，无所利焉。出于功名心者，己力不足，或至借他力，非内用会党，则外恃外资。会党可以偶用，而不可恃为本营。日、俄不能用马贼交战，光武不能用铜马、赤眉平定天下，况欲用今日之会党以成大事乎？至于外资则尤危险，菲律宾覆辙，可为前鉴。夫以鄙人之迂远如此，或至无实行之期，亦不可知。然而举中国皆汉人也，使汉人皆认革命为必要，则或如瑞典、诺威之分离，以一纸书通过，而无须流血焉可也。故今日惟有使中等社会皆知革命主义，渐普及下等社会。斯时也，一夫发难，万众响应，其于事何难焉。若多数犹未明此义，而即实行，恐未足以救中国，而转以乱中国也。此鄙人对于革命问题之意见也。

近今盛倡利权回收，不可谓非民族之进步也。然于利权回收之后，无所设施，则与前此之持锁国主义者何异？夫前此之持锁国主义者，不可谓所虑之不是也；徒用消极方法，而无积极方法，故国终不锁。而前此之纷纷扰扰者，皆归无效。今之倡利权回收者，何以异兹？故苟能善用之，于此数年之间，改变国政，开通民智，整理财政，养成实业人才，十年之后，经理有人，主权还复，吸收外国资本，以开发中国文明，如日本今日之输进之外资可也。否则争之甲者，仍以与乙，或遂不办，外人有所借口，群以强力相压迫，则十年之后，亦如溃堤之水滔滔而入，利权终不保也。此鄙人对于利权回收问题之意见也。

近人有主张亲日者，有主张排日者，鄙人以为二者皆非也。彼以日本为可亲，则请观朝鲜。然遂谓日人将不利于我，必排之而后可者，则愚亦不知其说之所在也。夫日人之隐谋，所谓司马昭之心，路人皆知；即彼之书报亦倡言无忌，固不虑吾之知也。而吾谓其不可排者何也？“兼弱攻昧，取乱侮亡”，吾古圣之明训也。吾有可亡之道，岂能怨人之亡我？吾无可亡之道，彼能亡我乎？朝鲜之亡也，亦朝鲜自亡之耳，非日本能亡之也。吾不能禁彼之不亡我，彼亦不能禁我之自强，使吾亦如彼之所以治其国者，则彼将亲我之不暇，遑敢亡我乎？否则即排之有何势力耶？平心而论，日本此次之战，不可谓于东亚全无功也。倘无日本一战，则中国已瓜分亦不可知。因有日本一战，而中国得保残喘。虽以堂堂中国被保护于日本，言之可羞，然事实已如此，无可讳也。如耻之，莫如自强，利用外交，更新政体，于十年之间，练常备军五十万，增海军二十万〔吨〕，修铁路十万里，则彼必与我同盟。夫“同盟”与“保护”，不可同日语也。“保护”者，自己无势力，而全受人拥蔽，朝鲜是也。“同盟”者，势力相等，互相救援，英、日是也。同盟为利害关系相同之故，而不由于同文同种。英不与欧洲同文同种之国同盟，而与不同文同种之日本同盟。日本不与亚洲同文同种之国同盟，而与不同文同种之英国同盟。无他，利害相冲突，则虽同文同种，而亦相仇雠；利害关系相同，则虽不同文同种，而亦相同盟。中国之与日本，利害关系可谓同矣，然而势力苟不相等，是“同盟”其名，而“保护”其实也。故居今日而即欲与日本同盟，是欲作朝鲜也；居今日而即欲与日本相离，是欲亡东亚也。惟能分担保全东亚之义务，则彼不能专握东亚之权利，可断言也。此鄙人对于日本之意见也。

凡作一事，须远瞩百年，不可徒任一时感触而一切不顾，一哄之政策，此后再不宜于中国矣。如有问题发生，须计全局，勿轻于发难，此固鄙人有谓而发，然亦切要之言也。鄙人于宗教观念，素来薄弱。然如谓宗教必不可无，则无宁仍尊孔教；以重于违俗之故，则兼奉佛教亦可。至于耶教，除好之者可自由奉之外，欲据以改易国教，则可不必。或有本非迷信，欲利用之而有所运动者，其谬于鄙人所著之《最后之方针》言之已详，兹不赘及。

近来青年误解自由，以不服从规则、违抗尊长为能，以爱国自饰，而先牺牲一切私德。此之结果，不言可想。其余鄙人所欲言者多，今不及言矣。散见于鄙人所著各书者，愿诸君取而观之，择其是者而从之，幸甚。《语》曰："君子不以人废言。"又曰："鸟之将死，其鸣也哀；人之将死，其言也善。"则鄙人今日之言，或亦不无可取乎？

（选自《陈天华集》，湖南人民出版社1982年版）

陈星台先生《绝命书》跋

扫一扫，
♫ 收听有声版

宋教仁

此吾友陈君星台《绝命书》。劈斋每一思君，辄一环诵之，盖未尝不心悁悁然悲而泪涔涔然下也。曰：呜呼，若君者，殆所谓爱国根于天性之人，非耶？

当去岁秋，湖南事败，君与劈等先后走日本，忧愤益大过量，时时相与过从，谈天下事，未尝不哽咽垂涕泣而道也。今岁春，东报兴瓜分谣，君愈愤，欲北上，冀以死要满廷救亡，殆固知无裨益，而思以一身尝试，绝世人扶满之望也。既而友人沮之，不遂行。然其常言曰："吾实不愿久逗此人间世也。"盖其抱死之目的以俟久矣。

居无何，留学界以日人定学则，议群起力争。始劈浼君曰："君能文，盍有所作以表意见乎？”君曰：“否。徒以空言驱人发难，吾岂为耶！”越数日，学界则大愤，均休校议事，君犹无动。迄月之十一日，其同居者则见君握管作文字，至夜分不辍。其十二日晨起食毕，自友某君贷金二元出门去，同居者意其以所作付剞劂也，听焉。入夜未归，始怀疑。良久，有留学生会馆阍者踵门语曰：“使署来电话称，大森警吏发电至署，告有一支那男子死于海，陈其姓，名天华，居神田东新社者”云。呜呼，于是知君乃死矣，痛哉！天未明，劈偕友人某氏赴大森视之。大森町长乃语曰：“昨日六时，当地海岸东滨距离六十间处，发见一尸，即捞获之。九时乃检查身畔，得铜货数枚与书留（寄信保险证），余无他物，今既已殓矣。”则率引我辈观之。一槥凄然，倭式也，君则在焉。复审视书留，为以君氏名自芝区御门前邮达中国留学生总会馆干事长者。当是时，君邑人已有往横滨备棺衾，拟厝于华人墓地，乃倩二人送君尸于滨，劈与某等乃返。抵会馆，索其邮物，获之，则万言之长函，即此《绝命书》也。一人宣读之，听者数千百人，皆泣下不能仰。夫以君之所志，使其所怀抱得毕展于世，无少残留，则吾民族受其福胙，其所造于中国前途者，岂有涯耶！而乃竟如是已焉，吾人得毋有为之悼惜不置者乎！

虽然，吾观君之言曰：“以救国为前提。”又曰：“欲我同胞时时勿忘此语，力除此四字，而做此四字之反面，恐同胞不见听或忘之，故以身投东海，为诸君之纪念。”又曰：“中国去亡之期，极少须有十年，与其死于十年之后，曷若死于今日，使诸君有所警动。”盖君之意，自以为留此身以有所俟，孰与死之影响强，吾宁取夫死觉吾同胞，使共登于救国之一途，则其所成就较以吾一身之所为孰多耶？噫！此则君之所以死欲？君之心则苦矣。

吾人读君之书，想见君之为人，不徒悼惜夫君之死，惟勉有以副乎君死时之所言焉，斯君为不死也已。乙巳十一月晦，甥斋谨泣跋。

（选自《陈天华集》，湖南人民出版社1982年版）

扫一扫，
收听有声版♫

自杀

瞿秋白

青年呵！你要自杀么？你如其没有觉着“自杀”的必要，你决不会自杀；要是你已经觉着“自杀”的必要，你为什么还不自杀？自杀！自杀！赶快自杀！你真正有自杀的决心，你要真正做到自己杀自己的地步，不要叫社会杀你，不要叫你杀了社会，不要叫社会自杀。你不能不自杀，你应该自杀，你应该天天自杀，时时刻刻自杀。你要在旧宗教，旧制度，旧思想的旧社会里杀出一条血路，在这暮气沉沉的旧世界里放出万丈光焰，你这一念“自杀”，只是一线曙光，还待你渐渐的，好好的去发扬他。你既愿意牺牲一切，杀身绝命；你应该更愿意时时刻刻去牺牲，时时刻刻去自杀。你随时随地的困难给你苦痛受，你因此觉得不得不自杀；从今以后，你就要随时随地感受着自杀的乐趣——仍旧是随时随地困难的苦痛。这要有何等的决心，何等的勇敢，又有了何等的快乐！自由神就是自杀神！

（选自北京《新社会》旬刊第五号，1919年12月11日）

扫一扫，
收听有声版

林德扬君为什么要自杀呢？

瞿秋白

唉！林德扬君！你为什么要自杀呢？

五四运动是中国国民性估价的时候，平时看不出的品性一时都暴露出来了。在这时期，许多青年竭力往前奋斗，就发见了社会上种种恶现象，受了几次几番的挫折，真有人要自杀，也真有人彻底觉悟。要自杀的是不能觉悟，觉悟的要不要自杀？既然觉悟了为什么又要自杀？不觉悟的当然不会自杀。我们既然觉悟了，就应当预备着受种种痛苦，经种种困难。若是没有痛苦，没有困难，就可以达到我们改造运动的目的，那是社会本来没有缺陷，用不着改造，我们从前所做的本来没有谬误，也用不着觉悟。我们既然预备着受种种痛苦，经种种困难，又为什么要自杀呢？

大凡一个旧社会用他的无上威权——宗教、制度、习惯、风俗……

造成了精神上身体上的牢狱，把一切都锢闭住了，当时的人绝不觉着不自由的痛苦，倒也忘其所以，悠悠自在。一旦这个牢狱破坏了，牢狱的墙上开了一个洞，在里面的人可以看得见外面，他心里就起了一种羡慕的心，顿时觉着自己处的地位没有一处是适意的、合理的。可是他又不能出去，心是在外面，身体是在里面，那真一刻多不能容忍，简直是手足无所措了，没有办法，只有撞杀在牢狱里。不然呢？就站在洞口，望着外面，心上起许多幻想，自己安慰自己。所以社会的旧信条刚动摇的时候，一定发生两种思想：急激的嫉俗思想，虚幻的改革思想。这两种思想之中，我们宁可取前一种，因为急激的嫉俗思想者，必定有一种热烈的感情，抱着一种极大的希望，他的动机，本来是很好的，不过他觉悟的结果，只是自杀，自杀就只表示他的热烈的感情。我们不取后一种，虚幻的改革思想，只是因受戟刺而起的心理变态。所以我想，蒋梦麟先生所说的话固然很是，青年自杀，也足以表现中国人心气薄弱，然而这种动机，是万万不可少的。

再进一层，我们觉悟了，知道这万恶的社会造成了无量数的罪恶，我们痛恨他。我们能不能容忍？当然是不能容忍，自杀的动机不过是知道痛恨而不能容忍，因为不能容忍，就想离去这个社会。我们还是以一死而离去这个社会呢？还是另造一个新社会去代替现在的万恶社会呢？一死了事不过自杀。如其要想另造一个新社会又造不成，那么我们始终不能离去这个社会，我们应不应当自杀呢？照罗志希君说："我们这班青年，第一应当奋斗……若是奋斗得精尽力竭……而于此世仍无一丝一毫的补助，然后自杀……”似乎是应该自杀的了。我且举一例，像俄国革命思想的先觉 Radishtshev，他反对专制，被捕入狱，审判官定他死罪，俄皇茄得陵减死罪改为西伯利亚十年的徒刑，到亚力山大一世又召他编订法律，他的奋斗生涯也可算很长，他竟觉着一点成效没有，就自杀了。可是他死了不到三十年，一八二五年的十二月党就起来了，他以前的奋斗并非一无成效，他最后的自杀可是枉然。他觉悟得很早，奋斗也很竭力，为什么他最后一定要自杀呢？就是因为他预想将来的目的太远，而希望成功的心又太切，所以他虽然一步一步的奋斗，他只觉着着着失败，刻刻苦痛，久后自然而然就再忍不住了，只有自杀。这就是他没有觉着困难中的乐趣。困难越多乐趣也越多，我们预备着受痛苦，历困难，痛苦就是快乐，快乐就在困难中；我们不预备受痛苦，历困难，痛苦也就越大，困难也就越多。所以预备以自杀为奋斗的结局的始终是以奋斗为苦，于改造事业上无形中有影响的。即使我们预备着自杀去奋斗，就是不把这自杀的动机当做觉悟的一步，把他当作最后的手段，也可以不必的。我们既然和万恶的社会宣战，我们所做的那一件事不是犯众怒的，那一事件不是“世人皆欲杀”的，虽然不是自杀，却是“自杀之道”，等到奋斗了多少年，奋斗得精疲力尽的时候——况且奋斗未必会有精疲力尽的时候——还没有人把我们杀掉，我们何必又多此一举呢？

自杀的人所以要自杀的原因不过两种：(一) 纯粹主观方面的，譬如人贫困到实在不能生活的时候而自杀，或是因为受了社会上旧信条的支配，是非曲直替人家辨不明白而自杀；(二) 纯粹客观方面的，譬如悲天悯人的人，他看着社会是不可救药的了，因此自杀。其余的原因或者是宗教上的特别情形，且作例外。第一种大概是匹夫匹妇沟渎自经的人，现在可以不论。第二种人他看着社会是不可救药的了，其实呢，他当初曾也抱着一种希望，他明明看着社会的确有可以改良的方法，有可以改良的理由，他大声疾呼去唤醒社会的人，他自己去实行，终看不出有什么效果，他才灰心，才厌世，才自杀，他虽没有预备着自杀去奋斗，然而他不知道奋斗的效果，无形中已经有了，他只抱着他的希望，不合他的理想的多不好，他就永远不能满意，他竟自杀了。他本来是爱人类爱社会而奋斗的，结果倒是轻蔑人类轻蔑社会而把他们抛弃了。

《圆觉经》上说：欲因爱生，命因欲有。Bergson 说：生命的进化，不外意识的激潮……。生命的巨流本来是“瀑流恒转”，意识和物质的激战息息不已，所以有进化。这生命的持续 Durèe 实在没有一刻息的，没有一刻不进化，没有一刻没有破坏，也没有一刻没有成功。我们人生的生命，也是这持续中间的一份。我们的意识应当向上发展，也没有一刻不向上发展，竭力往“爱”的一方面去，万万不可以堕落到昏睡一方面去。像预备着自杀去奋斗的办法，实在是“生其嗔心”，像想抱一个固定的理想去解决社会上的具体问题，实在是不知道社会，没有观察明了社会的实质。社会所以有病，就是因为他的宗教、习惯等等，把他渐渐弄成固定的形态。我们要在这固定的社会里，警醒他的昏睡状态，我们应当用热烈的感情自己先警醒自己，或者应当有自杀的动机来自己觉悟自己。

我们觉悟之后就去奋斗，先要深信社会的确可以改良，一步一步的做去，如其没有显然的成效，只是药不对症，没有不治之病。我们要抱着乐观去奋斗，我们往前一步，就是进步。不要存着愤嫉的心，固执的空想，要细心去观察社会的病源。我们于热烈的感情以外，还要有沉静的研究，于痛苦困难之中，还要领会他的乐趣。自杀的动机，只是觉悟的第一步，并非就是觉悟，以后的乐趣还多得很。林德扬君又何必自杀呢？

罗君志希的三个补救方法，我非常赞成。如其有这样的生活，如其知道要有这样的生活，自杀就不成问题了。

（选自《瞿秋白文集》，人民出版社1987年版）

对于梁巨川先生自杀之感想

扫一扫，
♫ 收听有声版

陈独秀

梁巨川先生自杀前一个月，留下《敬告世人书》一篇，说明他自杀的宗旨，现在把这书中最紧要的几处录在下方：

> 吾今竭诚致敬以告世人曰：梁济之死，系殉清朝而死也。
>
> 吾因身值清朝之末，故云殉清。其实非以清朝为本位，而以幼年所学为本位。吾国数千年，先圣之诗礼纲常，吾家先祖先父先母之遗传与教训，幼年所闻，以对于世道有责任为主义。此主义深印于吾脑中，即以此主义为本位，故不容不殉。
>
> 今人为新说所震，丧失自己权威。自光、宣之末，新说谓敬君恋主为奴性，一般吃俸禄者靡然从之，忘其自己生平主意。苟平心以思，人

各有尊信持循之学说。彼新说持自治无须君治之理，推翻专制，屏斥奴性，自是一说。我旧说以忠孝节义范束全国之人心，一切法度纪纲，经数千年圣哲所创垂，岂竟毫无可贵？

今吾国人憧憧往来，虚诈惝恍，除希望侥幸便宜外，无所用心；欲求对于职事以静心真理行之者，渺不可得。此不独为道德之害，即万事可决其无效也。夫所谓万事者，即官吏军兵士农工商，凡百皆是。必万事各各有效，而后国势坚固不摇。此理最显，我愿世界人各各尊重其当行之事。我为清朝遗臣，故效忠于清，以表示有联锁巩固之情；亦犹民国之人，对于民国职事，各各有联锁巩固之情。此以国性救国势之说也。

梁先生自杀的宗旨，简单说一句，就是想用对清殉节的精神，来提倡中国的纲常名教，救济社会的堕落。他这见解和方法，陶孟和先生已有评论；况且他老先生已死，我们也不必过于辩论是非了。我现在要说的，就是在梁先生见解和方法以外的几种感想：

第一感想，就是梁先生自杀，总算是为救济社会而牺牲自己的生命，在旧历史上真是有数人物。新时代的人物，虽不必学他的自杀方法，也必须有他这样真诚纯洁的精神，才能够救济社会上种种黑暗堕落。

第二感想，就是梁先生主张一致，不像那班圆通派，心里相信纲常礼教，口里却赞成共和；身任民主国的职务，却开口一个纲常，闭口一个礼教，这种人比起梁先生来，在逻辑上犯了矛盾律，在道德上要发生人格问题。

第三感想，就是梁先生自杀，无论是殉清不是，总算以身殉了他的主义。比那把道德礼教纲纪伦常挂在口上的旧官僚，比那把共和民权自治护法写在脸上的新官僚，到底真伪不同。

第四感想，就算梁先生是单纯殉了清朝，我们虽然不赞成；然而他的几根老骨头，比那班满嘴道德暮楚朝秦冯道式的元老，要重得几千万倍。

第五感想，就是梁先生《敬告世人书》中，预料一般人对他死后的评论，把鄙人放在大骂之列。不知道梁先生的眼中，主张革新的人，是一种什么浅薄小儿！实在是遗憾千万！

（选自《陈独秀著作选》1卷，上海人民出版社1984年版）

扫一扫，
收听有声版 ♫

青年厌世自杀问题

李大钊

自林德扬君自杀，一时论坛对此问题颇有所讨论。因此，我也把我近来对于青年自杀的意见写出来和大家商榷。

我于讨论这个问题以前，有几个要点要预先声明。

第一，自杀的情形因各个事件而有不同，我们不能够泛就自杀而下笼统的判断。我们应该分别自杀的种类，个别的论断他的是非。

第二，自杀流行的社会，一定是一种苦恼烦闷的社会。自杀现象背后藏着的背景，一定有社会的缺陷存在。

第三，我们应该承认一个人于不直接妨害社会，迷惑他人的范围内，有自己处决他自己的生命的自由权。

第四，我们只能批评自杀者的人生观，说他是或非，指导一般生存的青年向人生进路的趋向，不能责备自杀者的个人，说他道德不道德，罪恶不罪恶；惟因自杀直接予人以迷惑，予社会以妨害的，又当别论。

把这四点认定，才可论青年厌世自杀问题。

本来自杀是人类生活特有的现象，人类以外的动物，不发生自杀的现象，因为自杀是智慧的结果。野蛮人多有不了解自杀是怎样一回事，牙岗人和安德曼岛的土人，看见白人有在他们部落内自杀的，他们一定想是被别人杀的，嘲着要大索犯人。你若向中部澳洲的土人说自杀的事，他一定说你是说笑话，万不相信。可是这也有例外，那康甲卡人和赫士人又有胡乱自杀的倾向：媳妇因为婆母不吃他做的饭，也自杀；老年人因为身子衰怠，也自杀；小姑娘脸上一发赤就得严加监视，直到伊全然忘记了伊害羞的事而后已。加冷人晚间饮酒的时候，夫妻有三言两语的不合，明朝夫或妻必有一人在树枝上自缢。这或者是因为这些人种生理上、心理上，或他们所住的地方地理上、气候上有特别的原因。大体看来，智慧多的人容易自杀，自杀的现象多盛行于教育阶级、智识阶级中。那有关于自杀的名著的意大利人摩塞里，曾于意国发见自杀最多者为从事科学文学的人，百万人中有六百十四人，其次就是从事国防的四百零四人，从事教育的三百五十五人，从事行政的三百二十四人，商人二百七十七人，司法官二百十八人，医师二百零一人，从事工业的八十人，从事原料制造的二十五人。法国亦然，奴婢八十三人，商人及运送业者九十八人，原料制造者百十一人，工业家百五十九人，从事所谓自由职业的五百十人。其余统计家所得的结果，虽也有与此不同的，但自杀在生活状态简单者最少，与生活状态复杂的程度递加，几乎是一个普通的原则。

文明进步的结果，生活状态愈趋于复杂。人类的生活，去原始的自然生活、劳动生活日远，而偏于耗用脑智精神，因而过劳；又因生活上的欲望增高，内容扩大，往往招来失望和灾难；所以自杀的激增是十九世纪内各国普遗的现象。我们可以说自杀是十九世纪的时代病，我们可以说十九世纪是“自杀时代”！

意大利人摩塞里著有《自杀论》。他说：十九世纪间，欧洲各国的泰半，不但自杀的数都是增加，而且增加的比例略同。法国由千八百二十六年至千八百七十五年五十年间，一年自杀的平均数，由人口百万中五十四人升到百五十四人。普国由千八百十六年至千八百七十七年，由七十人二分升到百七十三人五分。日尔曼和奥大利增加更甚。惟有英国和挪威不见增加：英国每百万人中平均在六十五人左右，挪威由八十人降到七十人，这是一个例外。

日本近年自杀者的增加，尤为可惊。据他们警视厅的调查，就在他所管的地方，东京市十五区与六郡八岛的自杀者，明治四十三年一一一二人，四十四年一一五七人；大正元年一二六八人，二年一三一二人，三年一三八九人；——合计自杀既遂者和未遂者——全国合计起来，明治四十四年一万零七百五十三人，大正元年一万一千百二十八人。

中国全国的自杀统计，虽然未必精确，然亦可以看出增加的趋势。各省的统计表，我还未搜集完全，暂且不论。但据内务部的《内务统计》

京师人口之部和京师警察厅的《京师警务一览图表》里面所载北京内外城自杀的统计：前清光绪三十三年，男四十六，女三十四，合计八十人。光绪三十四年，男五十三，女三十七，合计九十人。宣统元年，男五十九，女三十四，合计九十三人。宣统二年，男三十九，女二十二，合计六十一人。宣统三年，男五十八，女三十二，合计九十人。民国元年，男五十，女三十六，合计八十六人。民国二年，男女合计八十三人。民国三年，五十四人。民国四年，男六十八，女四十二，合计一百一十人。民国五年，自杀已遂者，男五十五，女三十，合计八十五人；未遂者，男四十，女五十七，合计九十七人。民国六年，自杀已遂者，男九十三，女三十三，合计一百二十六人；未遂者，男四十六，女三十八，合计八十四人。亦足以证明自杀者增加的趋势。

普通说，夏季是"自杀季节"，因为太阳的光线刺激人的神经，挑拨人的感情，足以扰乱人心的安定，使人的心理上精神上起一种变化。在这个时候，凡是生活上失意的人，绝望的人，或是对于人生问题怀疑的人，对于社会现状苦闷的人，往往被诱到死路上去。近来生活困难的结果，年关也成了生活上的生死关头，也成了一种"自杀季节"，不过这是由人事的关系发生的，不是由自然的影响发生的。这"自杀时代"诱引人逼迫人上自杀的途径去，也和"自杀季节"的诱引与逼迫一样。因为十九世纪末年的世界，已经充满了颓废的气氛，物质文明渐渐走入死境，所以牵着人也到死路上去。各人生活上塞满了烦闷，苦恼，疲倦，颓废，失望，怀疑。青年的神经锐敏，很容易感受刺激，所以有许多的青年，作了“自杀时代”的牺牲。

自杀的原因不一，所以自杀者的类别也不同：有因犯了罪恶愧悔而自杀的，有因穷饿所迫而自杀的，有因失恋而自杀的，有因殉情而自杀的，有因家庭不和而自杀的，有因考试落第而自杀的，有因社会政治不良而自杀的，有因职务上不能如意执行而自杀的，有因神经失常而自杀的，有因避病苦而自杀的，有因哲学上对于人生起了烦闷怀疑而自杀的，有因坚持自己的主义信仰保全自己的人格名誉而自杀的，有因宗教上的迷信而自杀的，有因外界自然的诱引，或受他人的暗示（模仿）而偶然自杀的。这些样的自杀，个别的原因虽然不同，而时代文明与社会制度的缺陷，实在是他们的根本原因，共同原因。社会制度若是没有经济上的不平，不会发生因穷饿而自杀的人。社会制度若是不迫人犯罪，不会发生因愧悔而自杀的人。若是婚姻制度没有弊病，不会发生因失恋殉情而自杀的人。若是家庭制度有解放个性的精神，不会发生因家庭不和而自杀的人。若是学校制度、教育制度没有缺陷，不会发生考试落第、或因课业过劳患神经病而自杀的青年。若是政治制度明良，不会有因愤世，或因不能自由执行职务而自杀的人。就是病苦的人，也与日常生活的安与不安，很有关系。就是那些因哲学上对于人生起了怀疑与夫那些为主义、信仰、人格、名誉甘愿牺牲而自杀的人，也多发生在黑暗社会里，或黑暗势力的下面。千八百五十年顷的俄罗斯专制的黑暗势力，把人民的生活趣味，完全遮断。社会一切现象，都呈出死气。那里的文学家，只有讴歌“死”、描写“死”的庄严、“死”的美善。那时的青年，只有“死”、只有自杀是他们的天国。就有不自杀的，也没有什么生趣了，这就是一个显例。至于模仿的自杀，也多发生于自杀流行的社会。为自然诱引的自杀，也多发生于怀有隐痛的人。看那日本的青年，自从叫藤村操的一位青年，因哲学上的怀疑投入华严泷以后，投华严泷自杀而死的年以数十计。警察设种种方法防阻自杀的人，终不奏效。这一个景致绝美的瀑，几乎成了“死之瀑”，成了日本人的唯一死所。其他投入浅间山喷火口，或在富士山巅自杀的青年，尚在接踵而起。请问这些青年，全是模仿藤村操的么？都是为湖光山色所诱引的么？他们自杀的原因，模仿、诱引而外，果然没有生活上的苦痛么？我想往那里去的人，去时虽然未必有自杀的决心，但是在那里自杀的人，生活上未必没有可以供他自杀的隐痛，不过加上一层模仿与诱引，更容易促他实行就是了。这样看来，与其说自杀的行为是罪恶的行为，不如说自杀流行的社会，是罪恶的社会；与其责难自杀的人，不如补救促起自杀流行的社会的缺陷。志希君论林德扬君的自杀标题曰：《是青年自杀？还是社会杀青年？》盖含有沉痛的意义！

各宗教对于自杀的是非观，亦有不同的地方。回教以自杀为逆神的命令，比杀人的罪更重，故教中悬为厉禁。耶教十戒中，有禁杀一条，不但禁止杀人，并且禁止自杀。儒教有“身体发肤，受之父母，不敢毁伤”；

“匹夫匹妇，自经沟渎”的话，大概也是反对自杀。佛教于一定的事情，许人自杀，但通常都以为自杀者，死后受惨苦，是前世的罪孽。惟波罗门教因有死后灵魂可以祟敌的信仰，故认因为复仇而自杀为勇敢行为。

哲学家对于自杀的意见，也不一样。康德以自杀为轻蔑存于人中的人道。菲西的以欲保生命，欲生是吾人的义务。海格尔以人能左右自己的生命的权利为绝大的矛盾，所以自杀是一种罪恶。陶马士·穆阿主张人若罹不治的病，很以为苦的，得牧师或长官的同意可以自杀。但牧师或长官须照自杀志愿者的志愿与病状，务求合于他的希望。美国某州已采取此说，公认罹不治难医的病的，可以自杀。柏拉图说，不可非难因苦运命或难堪的耻辱而自杀的人。耶比邱拉士说待死与自杀孰宜，不可不加以考究。这是很有含蓄的话。

关于自杀的道德观，又因国因民族而有差异，在东洋牺牲个性的消极的厌世的静的文明，多可认自杀。有时认自杀为无上的道德。中国之旌表节烈，日本以切腹为武士道的要素，都是例证。在西洋保存个性的积极的乐天的动的文明，多否认自杀。以自杀者为犯了罪恶，认他是杀人罪的被害者，同时又是加害者。英国以前不许自杀者葬普通的坟墓。

中国自潘宗礼、杨笃生、陈星台相继蹈海而后，各处青年厌世自裁的，渐渐有了。民国二三年顷，湘中少年有因外交失败而自杀者，我当时适在日本，曾致书《甲寅》，与章行严先生讨论过这个问题。当时我以为少年不应自杀，应该留此身以为奋斗之用。行严先生复书颇有几句沉痛的话，他说 :“吾国之所大患，亦偷生苟容之习而已。自杀之风果昌，尚能矫起一二”；“匹夫沟渎之言，乃先民半面的教训，古今几多冯道、吴广之辈，依此以藏其身”；“无自杀之决心者，未必即能立效命之宏愿。往者曾涤生败于靖港，愤投湘江，吾家价人负之以起。负之以起，非涤生所及料也，尔后成功，即卜于此”;“今吾国之所患，不在厌世而在不厌世。有真厌世者，一方由极而反，可以入世收舍己救人之功，一方还其故我，与浊世生死辞，极廉顽立懦之致。”如今思之，他的话实含有至理。中国社会，到了今日黑暗算是达于极点。中国若有血气、有理想、有精神的青年，对于这种黑暗的社会，没有趣味的生活，当然不满意、失望、悲观。将来青年的理想，日高一日，这种不满意、失望、悲观，也必日多一日；青年厌世自杀的风，恐怕也日盛一日。我们对于这种自杀而死的不幸青年，当然要流几点同情的热泪，因为他们实在不是醉生梦死的青年。然而对于他们的自杀，终不能不抱一点遗憾，因为他们只知厌倦卑污的生活，不知创造高尚的生活，他们只知道向死里逃避旧生活，不知道向死里寻找新生活。我希望活泼泼的青年们，拿出自杀的决心，牺牲的精神，反抗这颓废的时代文明，改造这缺陷的社会制度，创造一种有趣味有理想的生活。我们应该拿出那日本人情死的精神，与我们的新生活相抱合，任他是车轮，是白刃，是华严泷的水，是喷火山的火，我们也要前进，与我们理想的新生活握手。我们断断不可只为厌世，为生苦而不怕死，应该为造世为求乐而不怕死。

由此说来，青年自杀的流行，是青年觉醒的第一步，是迷乱社会颓废时代里的曙光一闪。我们应该认定这一道曙光的影子，努力向前冲出这个关头，再进一步，接近我们的新生命。诸君须知创造今日的新俄罗斯的，是由千八百五十年顷自杀的血泡中闯出去的青年。创造将来的新中国的，也必是由今日自杀的血泡里闯出去的青年。我悯吊这厌世自杀的青年，我不能不希望那造世不怕死的青年！我不愿青年为旧生活的逃避者，而愿青年为旧生活的反抗者！不愿青年为新生活的绝灭者，而愿青年为新生活的创造者！

（选自《李大钊文集》，人民出版社1984年版）

论自杀

扫一扫，
♫ 收听有声版

徐志摩

一　读桂林梁巨川先生遗书

前七年也是这秋叶初焦的日子，在城北积水潭边一家临湖的小阁上伏处着一个六十老人；到深夜里邻家还望得见他独自挑着荧荧的灯火，在那小楼上伏案疾书。

有一天破晓时他独自开门出去，投入净业湖的波心里淹死了。那位自杀的老先生就是桂林梁巨川先生，他的遗书新近由他的哲嗣焕鼐与漱冥两先生印成六卷共四册，分送各公共阅览机关与他们的亲友。

遗书第一卷是“遗笔汇存”，就是巨川先生成仁前分致亲友的绝笔，共有十七缄，原迹现存彭冀仲先生别墅楼中（我想一部分应归京师图书馆或将来国立古物院保存），这里有影印的十五缄；遗书第二卷是先生少时自勉的日记（感敏山房日记节钞一卷）；第三卷侍疾日记是先生侍疾他的老太太时的笔录；第四卷是辛亥年的奏疏与民国初年的公牍；第五卷“伏卵录”是先生从学的札记；末第六卷“别竹辞花记”是先生决心就义前在缨子胡同手建的本宅里回念身世的杂记二十余则，有以“而今不可得矣”句作束的多条。

梁巨川先生的自杀在当时就震动社会的注意。就是昌言打破偶像主义与打破礼教束缚的新青年，也表示对死者相当的敬意，不完全驳斥他的自杀行为。陈独秀先生说他“总算是为救济社会而牺牲自己的生命，在旧历史上真是有数人物……言行一致的……身殉了他的主义，”陶孟和先生那篇“论自杀”是完全一个社会学者的看法；他的态度是严格批评的。陶先生分明是不赞成他自杀的；他说他“政治观念不清，竟至误送性命，彀怎样的危险啊！”陶先生把性命看得很重。“自杀的结果是损失一个生命，并且使死者之亲族陷于穷困……影响是及于社会的。”一个社会学家分明不能容许连累社会的自杀行为。“但是梁先生深信自杀可以唤起国民的爱国心；”“为唤醒国民的自杀，”陶先生那篇论文的结句说，“是藉着断绝生命的手段做增加生命的事，岂能有效力吗？”

“岂能有效力吗？”巨川先生去世以来整整有七年了。我敢说我们都还记得曾经有这么一回事。他为什么要自杀？一般人的答话，我猜想，一定说他是尽忠清室，再没有别的了。清室！什么清室！今天故宫博物院展览，你去了没有？坤寿宫里有溥仪太太的相片，长得真不错，还有她的亲笔英文，你都看了没有！那老头多傻！这二十世纪还来尽忠！白白的淹死了一条老命！

同时让我们来听听巨川自表的话：——

“我身值清朝之末，故云殉清；其实非以清朝为本位，而以幼年所学为本位。……幼年所闻以对于世道有责任为主义，此主义深印于吾脑中，即以此主义为本位故不容不殉。”

“殉清又何言非本位？曰义者天地间不可歇绝之物，所以保全自身之人格，培补社会之元气，当引为自身当行之事，非因外势之牵迫而为也……诸君试思今日世局因何故而败坏至于此极。正由朝三暮四，反复无常，既卖旧君，复卖良友，又卖主帅，背弃平时之要约，假托爱国之美名，受金钱收买，受私人嗾使，买刺客以坏长城，因个人而破大局，转移无定，面目腼然。由此推行，势将全国人不知信义为何物，无一毫拥护公理之心，则人既不成为人。国焉能成为国……此鄙人所以自不量力，明知大势难救，而捐此区区，聊为国性一线之存也。”

“……辛亥之役无捐躯者为历史缺憾，数年默审于心，今更得正确理由，曰不实行共和爱民之政（口言平民主义之官僚锦衣玉食威福自雄视人民皆为奴隶民德堕落民生蹙穷南北分裂实在不成事体），辜负清廷禅让之心。遂于戊午年十月初六夜或初七晨赴积水潭南岸大柳根一带身死……”

由这几节里，我们可以看出巨川先生的自杀，决不是单纯的“尽忠”；即使是尽忠，也是尽忠于世道（他自己说）。换句话说，他老先生实在再也看不过革命以来实行的，也最流行的不要脸主义；他活着没法子帮忙，所以决意牺牲自己的性命，给这时代一个警告，一个抗议。“所欲有甚于生者，”是他总结他的决心的一句话。

这里面有消息，巨川先生的学力、智力，在他的遗著里可以看出，决不是寻常的；他的思想也绝对不能说叫旧礼教的迷信束缚住了的。不，甚至他的政治观念，虽则不怎样精密，怎样高深，却不能说他（像陶先生说他）是“不清”，因而“误送了命”。不；如其曾经有一个人分析他自己的情感与思路的究竟，得到不可避免自杀的结论，因而从容的死去，那个人就是梁巨川先生。他并不曾“误送了”他的命。我们可以相信即使梁先生当时暂缓他的自杀，去进大学校的法科，理清他所有的政治观念（我敢说梁先生就在老年，他的理智摄收力也决不比一个普通法科学生差）——结果积水潭大柳根一带还是他的葬身地。这因为他全体思想的背后还闪亮着一点不可错误的什么——随你叫他“天理”、“义”、信念、理想，或是康德的道德范畴——就是孟子说的“甚于生”的那一点，在无形中制定了他最后的惨死，这无形的一点什么，决不是教科书知识所可淹没，更不是寻常教育所能启发的。前天我正在讲起一民族的国民性，我说“到了非常的时候它的伟大的不灭的部分，就在少数或是甚至一二人的人格里，要求最集中最不可错误的表现……因此在一个最无耻的时代里往往挺生出一两个最知耻的个人，例如宋末有文天祥，明末有黄梨洲一流人。在他们几位先贤，不比当代看得见的一群遗老与新少，忠君爱国一类的观念脱卸了肤浅字面的意义，却取得了一种永久的象征的意义，……他们是为他们的民族争人格，争‘人之所以为人’……在他们性灵的不朽里呼吸着民族更大的性灵。”我写那一段的时候并不曾想起梁巨川先生的烈迹，却不意令天在他的言行里（我还是初次拜读他的遗著）找到了一个完全的现成的例证。因此我觉得我们不能不尊敬梁巨川自杀的那件事实，正因为我们尊敬的不是他的单纯自杀行为的本体，而是那事实所表现的一点子精神。“为唤醒国民的自杀，”陶孟和先生说，“是藉着断绝生命的手段做增加生命的事；”粗看这话似乎很对，但是话里有语病，就是陶先生拢统的拿生命一个字代表截然不同的两件事：他那话里的第一个生命是指个人躯壳的生存，那是迟早有止境的，他的第二个生命是指民族或社会全体灵性的或精神的生命，那是没有寄居的躯壳同时却是永生不灭的。至于实际上有效力没有效力，那是另外一件事又当别论的。但在社会学家科学的立场看来，他竟许根本否认有精神生命这回事，他批评一切行为的标准只是它影响社会肉眼看得见暂时的效果；我们不能不羡慕他的人生观的简单、舒服、便利，同时却不敢随声附和。当年钱牧斋也曾立定主意殉国，他雇了一只小船，满载着他的亲友，摇到河身宽阔处死去，但当他走上船头先用手探入河水的时候他忽然发明“水原来是这样冷的”的一个真理，他就赶快缩回了温暖的船舱，原船摇了回去。他的常识多充足，他的头脑多清明！还有吴梅村也曾在梁上挂好上吊的绳子，自己爬上了一张桌子正要把脖子套进绳圈去的时候，他的妻子家人跪在地下的哭声居然把他生生的救了下来。那时候，吴老先生的念头，我想竟许与陶先生那篇论文里的一个见解完全吻合：“自杀的结果是损失一个生命，并且使死者的亲属陷于穷困之影响是及于社会的，”还是收拾起梁上的绳子好好伴太太吃饭去吧。这些社会学者的头脑真的完全占了实际的胜利，不曾误送人命哩！固然像钱吴一流人本来就没有高尚的品格与独立的思想，他们的行为也只是陶先生所谓方式的，即使当时钱老先生没有怪嫌水冷居然淹了进去，或是吴先生硬得过妻子们的哭声，居然把他的脖子套进了绳圈去勒死了——他们的自杀也只当得自杀，只当得与殉夫殉贞节一例看，本身就没有多大精神的价值，更说不上增加民族的精神的生命。但他们这要死又缩回来不死，可真成了笑话——不论它怎样暗合现代社会学家合理的论断。

顺便我倒又想起一个近例。就比如蔡孑民先生在彭允彝时代宣言，并且实行他的不合作主义，退出了混浊的北京，到今天还淹留在外国。当初有人批评他那是消极的行为。胡适之先生就在《努力》上发表了一篇极有精彩的文章——“蔡元培是消极吗？”——说明蔡先生的态度正是在那时情况下可能的积极态度，涵有进取的，抗议的精神，正是昏朦时代的一声警钟。就实际看，蔡先生这走的确并不曾发生怎样看得见的效力；现在的政治能比彭允彝时期清明多少是问题，现在的大学能比蔡先生在时干净多少是问题。不，蔡先生的不合作行为并不曾发生什么社会的效果。但是因此我们就能断定蔡先生的出走，就比如梁巨川先生的自杀，是错误吗？不，至少我一个人不这么想。我当时也在“努力”上说了话，我说“蔡元培所以是个南边人说的‘戆大’，愚不可及的一个书呆子，卑污苟且社会里的一个最不合时宜的理想者。所以他的话是没有人能懂的；他的行为只有极少数人——如真有——敢表同情的；他的主张，他的理想，尤其是一盆飞旺的炭火，大家怕炙手，如何敢去抓呢？”“小人知进而不知退，”“不忍为同流合污之苟安，”“不合作，”“为保持人格起见，”“生平仅知是非公道，从不以人为单位”——这些话有多少人能懂，有多少人敢懂？这样的一个理想主义者非失败不可，因为理想主义者总是失败的。若然理想胜利，那就是卑污苟且的社会政治失败——那是一个过于奢侈的希望了。

我先前这样想，现在还是这样想。归根一句话，人的行为是不可以一概论的；有的，例如梁巨川先生的自杀，甚至蔡先生的不合作，是精神性的行为，它的起源与所能发生的效果，决不是我们常识所能测量，更不是什么社会的或是科学的评价标准所能批判的。在我们一班信仰（你可以说迷信）精神生命的痴人，在我们还有寸土可守的日子，决不能让实利主义的重量完全压倒人的性灵的表现，更不能容忍某时代迷信（在中世是宗教，现代是科学）的黑影完全淹没了宇宙间不变的价值。

二　再论梁巨川先生的自杀

志摩：

你未免太挖苦社会学的看法了。我的那篇没有什么价值的旧作是不是社会学的或科学的看法，且不必管，但是你若说社会学家科学的人生观是“简单”、“舒服”、“便利”，我却不敢随声附和，我有点替社会科学抱不平。我现在还没有工夫替社会科学做辩护人，我且先替我自己说几句罢。

在我读你的在今日（十月十二日）晨报副刊的大作之先，我也正读了梁漱冥先生送给我的那部遗书。我这次读了巨川先生的年谱，辛壬类稿的跋语，伏卵录、别竹辞花记几种以后，我对于巨川先生坚强不拔的品格，谨慎廉洁的操行，忠于戚友的热诚，益加佩服。在现在一切事物都商业化的时代里，竟有巨川先生这样的人，实在是稀有的现象。我虽然十分的敬重巨川先生，我虽然希望自己还有旁人都能像巨川先生那样的律己，对于父母、家庭、朋友、国家或主义那样的忠诚，但是我总觉得自杀不应该是他老先生所采的办法。

志摩，你将来对于自杀或者还有什么深微奥妙的见解，像我这样浅见的人，总以为自杀并不是挽救世道人心的手段。我所不赞成的是消极的自杀，不是死。假使一个人为了一个信仰，被世人杀死，那是一个奋斗的殉道者的光荣的死。这是我所钦佩的。假使一个人因为自己的信仰，不为世人所信从，竟自己将自己的生命断送，这是一种消极的行为，是失败后的愤激的手段，虽然自杀者自己常声明说这个死是为的要唤醒同胞。假使一个医生因为设法支配微生物，反为微生物侵入身体内部而死，这是科学家牺牲的精神，这是最可景仰的行为。假使一个军官因为他的军人都不听从他的命令，他想要用他的自己的死感化他们，叫他们听从，这未免有点方法错误。我觉得巨川先生的死是这一类。

为唤醒一个人，一个与自己极有关系的人，用“尸谏”或者可以一时的有效。至于挽回世道人心总不是尸谏所能奏功的。

世界上曾有一个大教主是用死完成他的大功业的，他就是耶稣。但是耶稣并不是自杀。他的在十字架上的死，是证明他的卫道的忠心，而他的徒弟们采用唯理的解释法说他是为人类赎罪孽。

一般的说来，物理的生命是心理的生命的一个主要条件。没有身体那里还有理想呢？诚然的，在世界上也常有身体消灭反能使理想生存的时候。苏格拉底饮鸩而哲学的思想大昌。文天祥遇害而忠气亘古今。但是所谓“杀身成仁”只限于杀身是奋斗的必不可免的结果的时候。杀身有种种的情形，有种种的方法，绝不是凡是杀身都是成仁的，更不是成仁必须杀身的。

但是，志摩：你千万不要以为这个见解就是爱惜生命，而不爱惜主义或理想。爱惜生命正是因为爱惜一种主义。志摩：假使你有一个理想是你认为在你的生命的价值以上无数倍的，你怎样想得到那个理想？你用自杀的方法去得到那个理想呢？你还是活着用种种的方法去得到那个理想呢？假使你——或随便一个男子恋爱了一个女子，好像丹梯的爱毗亚特里斯，或哥德小说中少年维特的爱夏罗特（我举这个例，但是不要忘记维特的苦恼不过是一本小说，并且他的恋爱又有复杂的情形），这个男子用自杀的方法赢取那女子的爱呢，还是用种种恋爱的行为与表示去赢取那女子的爱呢？这个男子在有的时候或者以为即使他自己失去了生命，果然那女子能对于他有爱意，他也情愿，他也就达到了他的理想，但是像我这样的俗人，你或者称为一个功利主义者，总觉得这不过是失望者的自己安慰自己，与恋爱的本意不同。

我也并不是根本的反对自杀，我承认各人有自杀的自由，但是如以改良社会，挽回世道人心或忠于一种主义、信仰，或精神的生命为志愿，便不应该自杀，因为自杀与这些种志愿是相矛盾的。凡是志愿必须活着的人努力才有达到的希望，如巨川先生一生高洁的救世的行为尚不能唤起多人的注意与摹仿，他老先生的一死会可以唤醒全世人吗？即使他老先生的自杀一时的可以警醒了许多人，那也不过是一般人一时的感情的表现，人类本能的爱惜生命的感情的表现，又于世道人心有什么关系呢？无论巨川先生的志愿是救世，或是醒世，都必须积极努力，以本人为始，联合无数人努力的做去。救世或醒世没有捷径的，只有持久不懈的努力。我钦佩巨川先生之余还不得不说他老先生的自杀实是一个遗憾。这或者是因为我曾进过大学法科的缘故！

孟和十月十二日

陶孟和先生是我们朋辈中的一位隐士：他的家远在北新桥的北面；要不是我前天无意中从尘封的书堆里检出他的旧文来与他挑衅，他的矜贵的墨沈是不易滴落到宣武门外来的。我想我们都很乐意有机会得读陶先生的文章，他的思路的清澈与他文体的从容永远是读者们的一个有利益的愉快。这里再用不着我的不识趣的蛇足。我也不须答辩；陶先生大部分的见解都是我最同意的。活着努力，活着奋斗，陶先生这样说，我也这样说。我又不是干傻子，谁来提倡死了再去奋斗？——除非地下的世界与地上的世界同样的不完全。不，陶先生不要误会，我并不曾说自杀是“改良社会，挽回世道人心”的一个合理办法。我只说梁巨川先生见到了一点，使他不得不自杀；并且在他，这消极的手段的确表现了他的积极的目的；至于实际社会的效果，不但陶先生看不见，就我同情他自杀的一个也是一样的看不见。我的信仰，我也不怕陶先生与读者们笑话，我自认永远在虚无缥缈间。

志摩附言

（选自《徐志摩全集》3卷，商务印书馆香港分馆1983年版）

扫一扫，
收听有声版♫

死法

周作人

“人皆有死”，这句格言大约是确实的，因为我们没有见过不死的人，虽然在书本上曾经讲过有这些东西，或称仙人，或是“尸忒卢耳不卢格”（Strulbrug），这都没有多大关系。不过我们既然没有亲眼见过，北京学府中静坐道友又都剩下蒲团下山去了，不肯给予凡人以目击飞升的机会，截至本稿上版时止本人遂不能不暂且承认上述的那句格言，以死为生活之最末后的一部分，犹之乎恋爱是中间的一部分——自然，这两者有时并在一处的也有，不过这仍然不会打破那个原则，假如我们不相信死后还有恋爱生活。总之，死既是各人都有分的，那么其法亦可得而谈谈了。

统计世间死法共有两大类，一曰“寿终正寝”，二曰“死于非命”。寿终的里面又可以分为三部。一是老熟，即俗云灯尽油干，大抵都是“喜丧”，因为这种终法非八九十岁的老太爷老太太莫办，而佢们此时必已四世同堂，一家里拥上一两百个大大小小男男女女，实在有点住不开了，所以佢的出缺自然是很欢送的。二是猝毙，某一部机关发生故障，突然停止进行，正如钟表之断了发条，实在与磕破天灵盖没有多大差别，不过因为这是属于内科的，便是在外面看不出痕迹，故而也列入正寝之部了。三是病故，说起来似乎很是和善，实际多是那“秒生”（Bacteria）先生作的怪，用了种种凶恶的手段，谋害“蚁命”，快的一两天还算是慈悲，有些简直是长期的拷打，与“东厂”不相上下，那真是厉害极了。总算起来，一二都倒还没有什么，但是长寿非可幸求，希望心脏麻痹又与求仙之难无异，大多数人的运命还只是轮到病故，揆诸吾人避苦求乐之意实属大相径庭，所以欲得好的死法，我们不得不离开了寿终而求诸死于非命了。

非命的好处便是在于他的突然，前一刻钟明明是还活着的，后一刻钟就直挺地死掉了，即使有苦痛（我是不大相信）也只有这一刻，这是他的独门的好处。不过这也不能一概而论。十字架据说是罗马处置奴隶的刑具，把他钉在架子上，让他活活地饿死或倦死，约莫可以支撑过几天；茶毗是中世纪卫道的人对付异端的，不但当时烤得难过，随后还剩下些零星末屑，都觉得不很好。车边斤原是很爽利，是外国贵族的特权，也是中国好汉所欢迎的，但是孤零零的头像是一个西瓜，或是“柚子”，如一位友人在长沙所见，似乎不大雅观，因为一个人的身体太走了样了。吞金喝盐卤呢，都不免有点妇女子气，吃鸦片烟又太有损名誉了，被人叫做烟鬼，即使生前并不曾“与芙蓉城主结不解缘”。怀沙自沈，前有屈大夫，后有……倒是颇有英气的，只恐怕泡得太久，却又不为鱼鳖所亲，像治咳嗽的“胖大海”似的，殊少风趣。吊死据说是很舒服（注意：这只是据说，真假如何我不能保证），有岛武郎与波多野秋子便是这样死的，有一个日本文人曾经半当真半取笑地主张，大家要自尽应当都用这个方法。可是据我看来也有很大的毛病。什么书上说有缢鬼降乩题诗云：

目如鱼眼四时开，
身若悬旌终日挂。

（记不清了，待考；仿佛是这两句，实在太不高明，恐防是不第秀才做的。）又听说英国古时盗贼处刑，便让他挂在架上，有时风吹着骨节珊珊作响（这些话自然也未可尽信，因为盗贼不会都是锁子骨，然而“听说”如此，我也不好一定硬反对），虽然有点唐珊尼爵士（Lord Dunsany）小说的风味，总似乎过于怪异——过火一点。想来想去都不大好，于是乎最后想到枪毙。枪毙，这在现代文明里总可以算是最理想的死法了。他实在同丈八蛇矛嚓喇一下子是一样，不过更文明了，便是说更便利了，不必是张翼德也会使用，而且使用得那样地广和多！在身体上钻一个窟窿，把里面的机关搅坏一点，流出些蒲公英的白汁似的红水，这件事就完了：你看多么简单。简单就是安乐，这比什么病都好得多了。三月十八日中法大学生胡锡爵君在执政府被害，学校里开追悼会的时候，我送去一幅对联，文曰：

什么世界，还讲爱国？

如此死法，抵得成仙！

这末一联实在是我衷心的颂辞。倘若说美中不足，便是弹子太大，掀去了一块皮肉，稍为触目，如能发明一种打鸟用的铁砂似的东西，穿过去好像是一支粗铜丝的痕，那就更美满了。我想这种发明大约不会很难很费时日，到得成功的时候，喝酸牛奶的梅契尼柯夫（Metchinikoff）医生所说的人的“死欲”一定也已发达，那么那时真可以说是“合之则双美”了。

我写这篇文章或者有点受了正冈子规的俳文《死后》的暗示，但这里边的话和意思都是我自己的。又上文所说有些是玩话，有些不是，合并声明。

1926年5月

案，所说俳文《死后》已由张凤举先生译出，登在沉钟第六期上。1927年8月编校时再记。

（选自《谈虎集》，岳麓书社1989年版）

关于活埋

扫一扫，
收听有声版♫

周作人

从前有一个时候偶然翻阅外国文人的传记，常看见说起他特别有一种恐怖，便是怕被活埋。中国的事情不大清楚，即使不成为心理的威胁，大抵也未必喜欢，虽然那《识小录》的著者自称活埋庵道人徐树丕，即在余澹心的《东山谈苑》上有好些附识自署同学弟徐晟的父亲，不过这只是遗民的一种表示，自然是另外一件事了。

小时候读英文，读过美国亚伦坡的短篇小说《西班牙酒桶》，诱人到洞窟里去喝酒，把他锁在石壁上，砌好了墙出来，觉得很有点可怕。但是这罗马的幻想白昼会出现么，岂不是还只往来于醉诗人的脑中而已？俄国陀思妥益夫思奇著有小说曰《死人之家》，英译亦有曰“活埋”者，是记西伯利亚监狱生活的实录，陀氏亲身经历过，是小说亦是事实，确实不会错的了。然而这到底还只是个譬喻，与徐武子多少有点相同，终不能为活埋故实的典据。我们虽从文人讲起头，可是这里不得不离开文学到别处找材料去了。

讲到活埋，第一想到的当然是古代的殉葬。但说也惭愧，我们实在还不十分明白那葬是怎么殉法的。听说近年在殷墟发掘，找到殷人的坟墓，主人行踪不可考，却获得十八殉葬的奴隶或俘虏的骨殖，这可以说是最古的物证了，据说——不幸得很——这十个却都是身首异处的，那么这还是先杀后埋，与一般想象不相合。古希腊人攻忒罗亚时在巴多克勒思墓上杀俘虏十人，又取幼公主波吕克色那杀之，使从阿吉娄思于地下，办法颇有点相象。忒罗亚十年之役正在帝乙受辛时代，那么与殷人东西相对，不无香火因缘，或当为西来说学者所乐闻乎。《诗经·秦风》有《黄鸟》一篇，《小序》云哀三良也，我们记起"临其穴，惴惴其栗"，觉得仿佛有点意思了，似乎三良一个一个地将要牵进去，不，他们都是大丈夫，自然是从容地自己走下去吧。然而不然。孔颖达疏引服虔云，"杀人以葬，旋环其左右曰殉"。结果还是一样，完全不能有用处。第二想到的是坑儒，从秦穆公一跳到了始皇，这其间已经隔了十七八代了。孔安国《尚书》序云：

"及秦始皇，灭先代典籍，焚书坑儒。"孔颖达疏依《史记》秦始皇本纪说明云：

"三十五年始皇以方士卢生求仙药不得，以为诽谤，诸生连相告引，四百六十余人，皆坑之咸阳，是坑儒也。”但是如李卓吾在《雅笑》卷三所说，“人皆知秦坑儒，而不知何以坑之。”这的确是一大疑问。孔疏又引卫宏《古文奇字序》云：

“秦改古文以为篆隶，国人多诽谤。秦患天下不从而召诸生，至者皆拜为郎，凡七百人。又密令冬月种瓜于骊山型谷之中温处，瓜实，乃使人上书曰瓜冬有实。有诏天下博士诸生说之，人人各异，则皆使往视之，而为伏机，诸生方相论难，因发机从上填之以土，皆终命也。”这坑法写得“活龙活现”，似乎确是活埋无疑了，但是理由说的那么支离，所用种瓜伏机的手段又很拙笨，我们只当传说看了觉得好玩，要信为事实就有点不大可能。《史记》项羽本纪云：

“楚军夜击坑秦卒二十余万人新安城南。”计时即坑儒后六年。白起列传记起临死时语云：

“长平之战，赵卒降者数十万人，我诈而尽坑之。”据列传中说凡四十万人，武安君虑其反复，“乃挟诈而尽坑杀之”。仿佛是坑与秦总很有关系似的，可是详细还不能知道，掘了很大很大的坑，把二十万以至四十万人都推下去，再盖上土，这也不大像吧。正如《镜花缘》的林之洋常说的“坑死俺也”，我们对于这坑字似乎有点不好如字解释，只得暂且搁起再说。

英国贝林戈耳特老牧师生于一八三四年，到今年整整一百零一岁了，但他实在已于一九二四年去世，寿九十。所著《民俗志》小书系民国初年出版，其第五章《论牺牲》中讲到古时埋人于屋基下的事，是欧洲的实例。在一八九二年出版的《奇异的遗俗》中有《论基础》一章专说此事，更为详尽，今录一二于后：

“一八八五年诃耳思华西教区修理礼拜堂，西南角的墙拆下重造。在墙内，发见一副枯骨，夹在灰石中间。这一部分的墙有点坏了，稍为倾侧。据发见这骨殖的泥水匠说，那里并无一点坟墓的痕迹，却显见得那人是被活埋的，而且很急忙的。一块石灰糊在那嘴上，好些砖石乱堆在那死体的周围，好像是急速地倒下去，随后慢慢地把墙壁砌好似的。”

“亨纳堡旧城是一派强有力的伯爵家的住所，在城壁间有一处穹门，据传说云造堡时有一匠人受了一笔款答应把他的小孩砌到墙壁里去。给了小孩一块饼吃，那父亲站在梯子上监督砌墙。末后的那块砖头砌上之后，小孩在墙里边哭了起来，那人悔恨交并，失手掉下梯子来，摔断了他的项颈。关于利本思坦的城堡也有相似的传说。一个母亲同样地卖了她的孩子。在那小东西的周围墙渐渐地高起来的时候，小孩大呼道，妈妈，我还看见你！过了一会儿，又道，妈妈，我不大看得见你了！末了道，妈妈，我看你不见了！”

日本民俗学者中山太郎翁今年六十矣，好学不倦，每年有著作出版，前年所刊行的《日本民俗学论考》共有论文十八篇，其第十七曰“埴轮的原始形态与民俗”，说到上古活埋半身以殉葬的风俗。埴轮即明器中之土偶，大抵为人或马，不封入墓穴中，但植立于四周。土偶有像两股者，有下体但作圆筒形者，中山翁则以为圆筒形乃是原始形态，即表示殉葬之状，像两股者则后起而昧其原意者也。这种考古与民俗的难问题我们外行无从加以判断，但其所引古文献很有意思，至少于我们现在很是有用。据《日本书纪》垂仁纪云：

“二十八年冬十月丙寅朔庚午，天皇母弟倭彦命薨。十一月丙申朔丁酉，葬倭彦命于身狭桃花鸟坂。于是集近习者，悉生立之于陵域。数日不死，昼夜泣吟。遂死而烂臭，犬乌聚啖。天皇闻此泣吟声，心有悲伤，诏群卿曰，夫以生时所爱使殉于亡者，是甚可伤也。斯虽古风而不良，何从为，其议止殉葬。”垂仁天皇二十八年正当基督降生前二年，即汉哀帝元寿元年也。至三十二年皇后崩，野见宿祢令人取土为人马进之，天皇大喜，诏见宿祢曰，尔之嘉谋实洽朕心。遂以土物立于皇后墓前，号曰埴轮。此以土偶代生人的传说本是普通，可注意的是那种特别的埋法。孝德纪载大化二年（六四六）的命令云：

“人死亡时若自经以殉，或绞人以殉，及强以亡人之马为殉等旧俗，皆悉禁断。”可见那时殉葬已是杀了再埋，在先却并不然，据《类聚三代格》中所收延历十六年（七九七）四月太政官符云：

“上古淳朴，葬礼无节，属山陵有事，每以生人殉埋，鸟吟鱼烂，不忍见闻。”与垂仁纪所说正同，鸟吟鱼烂也正是用汉文炼字法总括那数日不死云云十七字。以上原本悉用一种特别的汉文，今略加修改以便阅读，但仍保留原来用字与句调，不全改译为白话。至于埋半身的理由，中山翁谓是古风之遗留，上古人死则野葬，露其头面，亲族日往视之，至腐烂乃止，琉球津坚岛尚有此俗，近始禁止，见伊波普猷著文《南岛古代之葬仪》中，伊波氏原系琉球人也。

医学博士高田义一郎著有一篇《本国的死刑之变迁》，登在《国家医学杂志》上，昭和三年（一九二八）出版《世相表里之医学的研究》共文十八篇，上文亦在其内。第四节论德川幕府时代的死刑，约自十七世纪初至十九世纪中间，内容分为五类，其四曰锯拉及坑杀。锯拉者将犯人连囚笼埋土中，仅露出头颅，傍置竹锯，令过路人各拉其颈。这使人想起《封神传》的殷郊来。至于坑杀，那与锯拉相像，只把犯人身体埋在土中，自然不连囚笼，不用锯拉，任其自死。在《明良洪范》卷十九有一节云“记稻叶淡路守残忍事”，是很好的实例：

“稻叶淡路守纪通为丹州福知山之城主，生来残忍无道，恶行众多。代官中有获罪者，逮捕下狱，不详加审问，遽将其妻儿及服内亲族悉捕至，于院中掘穴，一一埋之，露出其首，上覆小木桶，朝夕启视以消遣。余人逐渐死去，唯代官苟延至七日未绝。淡路守每朝巡视，见其尚活，嘲弄之曰，妻子亲族皆死，一人独存，真罪业深重哉。代官张目曰，余命尚存，思报此恨，今妻子皆死亡，无可奈何矣。身为武士，处置亦应有方，如此相待，诚自昔所未闻之刑罚也。会当有以相报！忿恨嚼舌而死。自此淡路守遂迷乱发狂，终乃装弹鸟枪中，自点火穿胸而死。”案稻叶纪通为德川幕府创业之功臣，位为诸侯，死于庆安元年，即西历一六四八，清顺治五年也。

外国的故事虽然说了好些，中国究竟怎样呢？殉葬与镇厌之外以活埋为刑罚，这有没有前例？官刑大约是不曾有吧，虽然自袁氏军政执法处以来往往有此风说，这自然不能找出证据，只有义威上将军张宗昌在北京时活埋其汽车夫与教书先生于丰台的传说至今脍炙人口，传为美谈。若盗贼群中本无一定规律，那就难说了，不过似乎也不尽然，如《水浒传》中便未说起，明末张李流寇十分残暴，以杀烧剥皮为乐，（这其实也与明初的永乐皇帝清初的大兵有同好而已，还不算怎么特别，）而活埋似未列入。较载太平天国时事的有李圭著《思痛记》二卷，光绪六年（一八八〇）出版，卷下纪咸丰十年（一八六〇）七月间在金坛时事有云：

“十九日汪典铁来约陆畴楷杀人，陆欣然握刀，促余同行。至文庙前殿，东西两偏室院内各有男妇大小六七十人避匿于此，已数日不食，面无人色。汪提刀趋右院，陆在左院。陆令余杀，余不应，以余已司文札不再逼而令余视其杀。刀落人死，顷刻毕数十命，地为之赤，有一二岁小儿，先置其母腹上腰截之，然后杀其母。复拉余至右院视汪杀，至则汪正在一一剖人腹焉。”光绪戊戌之冬我买得此书，民国十九年八月曾题卷首云：

“中国民族似有嗜杀性，近三百年中张李洪杨以至义和拳诸事即其明征，书册所说录百不及一二，至今读之犹令人悚然。今日重翻此记，益深此感。呜呼，后之视今亦犹今之视昔乎。”然而此记中亦不见有活埋的纪事焉。民国二十四年九月十九日《大公报》乃载唐山通信云：

“玉田讯：本县鸦鸿桥北大定府庄村西野地内于本月十二日发现男

尸一具，倒埋土中，地面露出两脚，经人起出，尸身上部已腐烂，由衣服体态辨出系定府庄村人王某，闻系因仇被人谋杀，该村乡长副报官检验后，于十五日由尸亲将尸抬回家中备棺掩埋。又同日城东吴各庄东北里新地内亦发现倒埋无名男尸一具，嗣由乡人起出，年约三十许，衣蓝布裤褂，全身无伤，系生前活埋，于十三日报官检验，至今尚无人认领云。”这真是——

踏破铁鞋无觅处 得来全不费工夫

想不到在现代中华民国河北省的治下找着了那样难得的活埋的实例。上边中外东西地乱找一阵，乱说一番，现在都可以不算，无论什么希奇事在百年以前千里之外，也就罢了，若是本月在唐山出现的事，意义略有不同，如不是可怕也总觉得值得加以注意思索吧。

死只一个，而死法有好些，同一死法又有许多的方式。譬如窒息是一法，即设法将呼吸止住了，凡缢死，扼死，烟煤等气熏死，土囊压死，烧酒毛头纸糊脸，武大郎那样的棉被包裹上面坐人，印度黑洞的闷死，淹死，以及活埋而死，都属于这一类。本来死总不是好事，而大家对于活埋却更有凶惨之感，这是为什么呢？本来死无不是由活以至不活，活的投入水中与活的埋入土内论理原是一样，都因在缺乏空气的地方而窒息，以云苦乐殆未易分，然而人终觉得活埋更为凶惨，此本只是感情作用，却亦正是人情之自然也。又活埋由于以土塞口鼻而死，顺埋倒埋并无分别，但人又特别觉得倒埋更为凶惨者，亦同样地出于人情也。世界大同无论来否，战争刑罚一时似未必能废，斗殴谋杀之事亦殆难免，但野蛮的事纵或仍有，而野蛮之意或可减少。船火儿待客只预备馄饨与板刀面，殆可谓古者盗亦有道欤。人情恶活埋尤其是倒埋而中国有人喜为之，此盖不得谓中国民族的好事情也。

（选自《苦竹杂记》，岳麓书社1987年版）

说死以及自杀情死之类

扫一扫，
♫ 收听有声版

郁达夫

死是全部的生物必须经过的最后的一重门，但我们人类——尤其是中国人——仿佛对死这一件事情，来得特别的怕，因而在新年里，在喜庆场等地方，大家都不敢提到这一个字，以为不吉。其实我们人类是时时刻刻，日日年年，在那里死下去的，今日之我，并非昨日之我，一刻前之我，当然不是现在的一刻之我了。死，怕它干吗？照英国裴孔（1561–1626）说来，人对死的恐怖，是因见了临终的难过，朋友的悲啼，丧葬的行列，与夫死相的难看等而增加，正如小孩的恐惧黑暗，会因听了大人的传说而增加一样。伟大善良，有作为的人，是不怕死的。裴孔在他那篇论死的文章里，并且还引了许多赛乃喀、该撒、在诺的话在那里，教人不要怕死，教人须做好人，做事业，热心于令名的流传。但我想写这一篇论文的裴孔自身，当伤了风，睡在他朋友家里的冷床之上，到了将死的时候，一定也在那里后悔的，后悔着不该去做那一回冰肉的试验，致受了寒。哲人中间，话虽说得很透辟，年纪虽也活得相当的高，但对于死的恐怖，仍旧是避免不脱，到后来仍要去迷信鬼神的，很多很多。尤其年老的人，怕死更加怕得厉害，这只须读一读高尔基做的托尔斯泰的印象记，就可以晓得这位八十几岁的老先生对死是如何的恐怖了。

厌世哲学家爱杜华特·丰·哈尔脱曼，从科学的生物学的研究，而说到了人的不得不死。教人时时刻刻记住，生是偶然，而细胞的崩溃，与肉体的死去，却是千真万确，没有例外的。在这教训里，当然是可以使智者见智，仁者见仁，并不是在说，人横竖是要死的，还不是猫猫虎虎地过去一辈子就算了。反之，因感到了生也有涯，而知也无涯之故，加紧速力去用功做事业的人也不在少数，这原是死对人类的一种积极的贡献。再退一步说，假使中国的各要人，都能想到最后是必有一个死在那里等他的话，那从我们四万万穷苦同胞身上所绞榨去的一百三十万万的公债，及不知几千万万的租税等，都不会变成私人的户头，存到外国银行里去了。人是总有一死的，要昧尽天良，搜括这么许多钱干吗？这岂不是死之一念，对人类的消极的贡献？可惜中国人只在怕死，而没有想到死的必不能避免。厌世哲学，从这一方面看来，我倒觉得在中国还有大来提倡的必要。从厌世哲学里，必然要演绎出来的结论，是自杀。善哉，叔本华之言，“自杀何罪？”人之所以比上帝厉害的地方，就在上帝要想自杀，也死不成功（因为神是永生的），而人却可以以他自己的意志，来解决自己的生命。既然入世是苦，生存是空的时候，那自杀也不过是空中之空罢了，罪于何有？吃白食的宣教师们说自杀是罪恶，全系空谈，不通的立法者们，把自杀列入刑条，欲对自杀者加以重刑，尤其是滑稽得可笑。一个对死都没有恐惧的人，对于刑律的威胁，还有一点什么恐惧呢？

不过自杀既不是罪恶，而人生总不免一死的话，那直接了当，还不如大家去自杀去罢，倒可以免得许多麻烦。厌世哲学的真义，是不是在这里？这我想不但哈尔脱曼没有说过，就是厌世哲学的老祖宗叔本华也不在那么想的。否则像猴子似的这一位丑奴儿，何必要著他的《想象与观念的世界》，何必要见英国诗人贝郎而吃醋，何必要和他娘去为争财产而涉讼，何必要和一个同居的女裁缝师去打架呢？人之自杀，盖出于不得已也，必定要精神上的苦痛，能胜过死的时候的肉体上的苦痛的时候，才干得了的事情。若同吃茶喝酒一样，自杀是那么便利快乐的话，那受了重重压迫的中国民众，早就个个都去自杀了，谁还愿意去完粮纳税，为几个军阀要人做牛马呢？

快乐的自杀，有是一定有的，猜想起来，大约情死这一件事情，是比较其他的死来得快乐一点。“一声河满子，双泪落君前”，还不算情死，绿珠、关盼盼、柳如是等，也算不得情死，至于黄慧如、马振华等，更不是情死了。快乐的情死，由我看来，在想象中出现的，只能算《金瓶梅》里的西门庆，这从肉体的方面着想，大约一定是同喝酒醉杀，跳舞跳杀是一样的结果。其次在史实上出现，而死的时候，男女两人又各感到精神上的快乐的，大约总要算德国的薄命诗人亨利·克拉衣斯脱（Heinrich von Kleist 1777–1811）和福艾儿夫人亨利爱戴（Frau Henriette Vogel）的情死了。当这快乐的耶稣圣诞节前，且向大家先告个罪儿，让我来把这一出悲壮的大戏剧的结末，详细说一说，权当作这一篇短文的煞尾罢！

克拉衣斯脱不幸，生作了和会向拿破仑低头，会对伐以玛公喀儿·奥古斯脱献媚而做大官的大诗人歌德并世的人。因而潦倒一生，弄得饘粥不全，声名狼藉，倒还是小事，到了一八一一年的时候，他的忧伤郁闷，竟使他对人类对世界的希望完全断绝，成了一个为忧郁症所压倒的病人。正在这前后，他因他朋友亚·弥勒（A. Mueller）的介绍，认识了福艾儿夫人亨利爱戴。她的忧伤郁闷，多病多愁，却正好和克拉衣斯脱并驾齐驱。两人之间，就因互爱音乐的结果，而成了莫逆的挚交。有一天克拉衣斯脱听了她的歌唱之后，觉得这高尚的颂赞歌诗，唱得分外的美丽，他就兴奋着对她说："多么美丽吓！这是最适合于自杀的时候的。"当时她还不说什么，只默默地对他凝视了一回。后来她又问起他说："前回的戏言，你记不记得起了？我若要求你将我杀死的时候，你能不食言否？""我克拉衣斯脱是一诺千金的男子汉，那会食言！"于是一八一一年十一月二十的午后，两个人就快快活活的坐车出了柏林，到了去朴此达姆有三五里远的万岁湖滨（Wansee）。在旅舍里高高兴兴的过了一夜，第二日并且还打发人送信到了城里。便在这翌日的午后，两个人散步到了湖滨的洼处，拍拍的两声，他们的多愁多病的躯壳，就此解脱了。城里的朋友们接到了他们两人合写的很快乐的报告最后消息的信后，急急赶来，他们俩的不幸的灵魂，早就飞到了天国里去了。福艾儿夫人是向天躺着，一弹系从左胸部衣服解开之后穿入，从左肩后穿出的，两只纤手还好好地叠着搁在胸前。克拉衣斯脱是跪在亨利爱戴的面前，一弹系从嘴里打进脑里穿出的。两人的红白相间的面上，笑容都还在那里荡漾着哩！

一九三二年十二月廿二日

（选自《郁达夫文集》8卷，三联书店香港分店，

花城出版社1983年版）

扫一扫，
收听有声版 ♫

论秦理斋夫人事

鲁 迅

这几年来，报章上常见有因经济的压迫，礼教的制裁而自杀的记事，但为了这些，便来开口或动笔的人是很少的。只有新近秦理斋夫人及其子女一家四口的自杀，却起过不少的回声，后来还出了一个怀着这一段新闻记事的自杀者，更可见其影响之大了。我想，这是因为人数多。单纯的自杀，盖已不足以招大家的青睐了。

一切回声中，对于这自杀的主谋者——秦夫人，虽然也加以恕辞；但归结却无非是诛伐。因为——评论家说——社会虽然黑暗，但人生的第一责任是生存，倘自杀，便是失职，第二责任是受苦，倘自杀，便是偷安。进步的评论家则说人生是战斗，自杀者就是逃兵，虽死也不足以蔽其罪。这自然也说得下去的，然而未免太笼统。

人间有犯罪学者，一派说，由于环境；一派说，由于个人。现在盛行的是后一说，因为倘信前一派，则消灭罪犯，便得改造环境，事情就麻烦，可怕了。而秦夫人自杀的批判者，则是大抵属于后一派。

诚然，既然自杀了，这就证明了她是一个弱者。但是，怎么会弱的呢？要紧的是我们须看看她的尊翁的信札，为了要她回去，既耸之以两家的名声，又动之以亡人的乩语。我们还得看看她的令弟的挽联："妻殉夫，子殉母……"不是大有视为千古美谈之意吗？以生长及陶冶在这样的家庭中的人，又怎么能不成为弱者？我们固然未始不可责以奋斗，但黑暗的吞噬之力，往往胜于孤军，况且自杀的批判者未必就是战斗的应援者，当他人奋斗时，挣扎时，败绩时，也许倒是鸦雀无声了。穷乡僻壤或都会中，孤儿寡妇，贫女劳人之顺命而死，或虽然抗命，而终于不得不死者何限，但曾经上谁的口，动谁的心呢？真是"自经于沟渎而莫之知也"！

人固然应该生存，但为的是进化；也不妨受苦，但为的是解除将来的一切苦；更应该战斗，但为的是改革。责别人的自杀者，一面责人，一面正也应该向驱人于自杀之途的环境挑战，进攻。倘使对于黑暗的主力，不置一辞，不发一矢，而但向"弱者"唠叨不已，则纵使他如何义形于色，我也不能不说——我真也忍不住了——他其实乃是杀人者的帮凶而已。

（选自《鲁迅全集》5卷，人民文学出版社1981年版）

扫一扫，
收听有声版♫

论“人言可畏”

鲁迅

“人言可畏”是电影明星阮玲玉自杀之后，发见于她的遗书中的话。这哄动一时的事件，经过了一通空论，已经渐渐冷落了，只要《玲玉香消记》一停演，就如去年的艾霞自杀事件一样，完全烟消火灭。她们的死，不过像在无边的人海里添了几粒盐，虽然使扯淡的嘴巴们觉得有些味道，但不久也还是淡，淡，淡。

这句话，开初是也曾惹起一点小风波的。有评论者，说是使她自杀之咎，可见也在日报记事对于她的诉讼事件的张扬；不久就有一位记者公开的反驳，以为现在的报纸的地位，舆论的威信，可怜极了，那里还有丝毫主宰谁的运命的力量，况且那些记载，大抵采自经官的事实，绝非捏造的谣言，旧报具在，可以复按。所以阮玲玉的死，和新闻记者是毫无关系的。

这都可以算是真实话。然而——也不尽然。

现在的报章之不能像个报章，是真的；评论的不能逞心而谈，失了威力，也是真的，明眼人决不会过分的责备新闻记者。但是，新闻的威力其实是并未全盘坠地的，它对甲无损，对乙却会有伤；对强者它是弱者，但对更弱者它却还是强者，所以有时虽然吞声忍气，有时仍可以耀武扬威。于是阮玲玉之流，就成了发扬余威的好材料了，因为她颇有名，却无力。小市民总爱听人们的丑闻，尤其是有些熟识的人的丑闻。上海的街头巷尾的老虔婆，一知道近邻的阿二嫂家有野男人出入，津津乐道，但如果对她讲甘肃的谁在偷汉，新疆的谁在再嫁，她就不要听了。阮玲玉正在现身银幕，是一个大家认识的人，因此她更是给报章凑热闹的好材料，至少也可以增加一点销场。读者看了这些，有的想："我虽然没有阮玲玉那么漂亮，却比她正经"；有的想"我虽然不及阮玲玉的有本领，却比她出身高"；连自杀了之后，也还可以给人想："我虽然没有阮玲玉的技艺，却比她有勇气，因为我没有自杀"。化几个铜元就发见了自己的优胜，那当然是很上算的。但靠演艺为生的人，一遇到公众发生了上述的前两种的感想，她就够走到末路了。所以我们且不要高谈什么连自己也并不了然的社会组织或意志强弱的滥调，先来设身处地的想一想罢，那么，大概就会知道阮玲玉的以为"人言可畏"，是真的，或人的以为她的自杀，和新闻记事有关，也是真的。

但新闻记者的辩解，以为记载大抵采自经官的事实，却也是真的。上海的有些介乎大报和小报之间的报章，那社会新闻，几乎大半是官司已经吃到公安局或工部局去了的案件。但有一点坏习气，是偏要加上些描写，对于女性，尤喜欢加上些描写；这种案件，是不会有名公巨卿在内的，因此也更不妨加上些描写。案中的男人的年纪和相貌，是大抵写得老实的，一遇到女人，可就要发挥才藻了，不是“徐娘半老，风韵犹存”，就是“豆蔻年华，玲珑可爱”。一个女孩儿跑掉了，自奔或被诱还不可知，才子就断定道，“小姑独宿，不惯无郎”，你怎么知道？一个村妇再醮了两回，原是穷乡僻壤的常事，一到才子的笔下，就又赐以大字的题目道，“奇淫不减武则天”，这程度你又怎么知道？这些轻薄句子，加之村姑，大约是并无什么影响的，她不识字，她的关系人也未必看报。但对于一个智识者，尤其是对于一个出到社会上了的女性，却足够使她受伤，更不必说故意张扬，特别渲染的文字了。然而中国的习惯，这些句子是摇笔即来，不假思索的，这时不但不会想到这也是玩弄着女性，并且也不会想到自己乃是人民的喉舌。但是，无论你怎么描写，在强者毫不要紧的，只消一封信，就会有正误或道歉接着登出来，不过无拳无勇如阮玲玉，可就正做了吃苦的材料了，她被额外的画上一脸花，没法洗刷。叫她奋斗吗？她没有机关报，怎么奋斗；有冤无头，有怨无主，和谁奋斗呢？我们又可以设身处地的想一想，那么，大概就又知她的以为“人言可畏”，是真的，或人的以为她的自杀，和新闻记事有关，也是真的。

然而，先前已经说过，现在的报章的失了力量，却也是真的，不过我以为还没有到达如记者先生所自谦，竟至一钱不值，毫无责任的时候。因为它对于更弱者如阮玲玉一流人，也还有左右她命运的若干力量的，这也就是说，它还能为恶，自然也还能为善。“有闻必录”或“并无能力”的话，都不是向上的负责的记者所该采用的口头禅，因为在实际上，并不如此，——它是有选择的，有作用的。

至于阮玲玉的自杀，我并不想为她辩护。我是不赞成自杀，自己也不豫备自杀的。但我的不豫备自杀，不是不屑，却因为不能。凡有谁自杀了，现在是总要受一通强毅的评论家的呵斥，阮玲玉当然也不在例外。然而我想，自杀其实是不很容易，决没有我们不豫备自杀的人们所渺视的那么轻而易举的。倘有谁以为容易么，那么，你倒试试看！

自然，能试的勇者恐怕也多得很，不过他不屑，因为他有对于社会的伟大的任务。那不消说，更加是好极了，但我希望大家都有一本笔记簿，写下所尽的伟大的任务来，到得有了曾孙的时候，拿出来算一算，看看怎么样。

（选自《鲁迅全集》6卷，人民文学出版社1981年版）

扫一扫，
收听有声版 ♫

略论暗暗的死

——写于深夜里（二）

鲁迅

这几天才悟到，暗暗的死，在一个人是极其惨苦的事。

中国在革命以前，死囚临刑，先在大街上通过，于是他或呼冤，或骂官，或自述英雄行为，或说不怕死。到壮美时，随着观看的人们，便喝一声采，后来还传述开去。在我年青的时候，常听到这种事，我总以为这情形是野蛮的，这办法是残酷的。

新近在林语堂博士编辑的《宇宙风》里，看到一篇铢堂先生的文章，却是别一种见解。他认为这种对死囚喝采，是崇拜失败的英雄，是扶弱，“理想是不能不算崇高。然而在人群的组织上实在要不得。抑强扶弱，便是永远不愿意有强。崇拜失败英雄，便是不承认成功的英雄。”所以使“凡是古来成功的帝王，欲维持几百年的威力，不定得残害几万几十万无辜的人，方才能博得一时的慑服”。

残害了几万几十万人，还只“能博得一时的慑服”，为“成功的帝王”设想，实在是大可悲哀的：没有好法子。不过我并不想替他们划策，我所由此悟到的，乃是给死囚在临刑前可以当众说话，倒是“成功的帝王”的恩惠，也是他自信还有力量的证据，所以他有胆放死囚开口，是他在临死之前，得到一个自夸的陶醉，大家也明白他的收场。我先前只以为“残酷”，还不是确切的判断，其中是含有一点恩惠的。我每当朋友或学生的死，倘不知时日，不知地点，不知死法，总比知道的更悲哀和不安；由此推想那一边，在暗室中毕命于几个屠夫的手里，也一定比当众而死的更寂寞。

然而“成功的帝王”是不秘密杀人的，他只秘密一件事：和他那些妻妾的调笑。到得就要失败了，才又增加一件秘密：他的财产的数目和安放的处所：再下去，这才加到第三件：秘密的杀人。这时他也如铢堂先生一样，觉得民众自有好恶，不论成败的可怕了。

所以第三种秘密法，是即使没有策士的献议，也总有一时要采用的，也许有些地方还已经采用。这时街道文明了，民众安静了，但我们试一推测死者的心，却一定比明明白白而死的更加惨苦。我先前读但丁的《神曲》，到《地狱》篇，就惊异于这作者设想的残酷，但到现在，阅历加多，才知道他还是仁厚的了：他还没有想出一个现在已极平常的惨苦到谁也看不见的地狱来。

（选自《鲁迅全集》6卷，人民文学出版社1981年版）

扫一扫，
收听有声版 ♫

处决

靳以

这是一个美丽的、爽快的北方的秋天。看见过北方秋天的景象的人，可以任意把它想得如何美好，说是有高高的蓝蓝的天，像一团花一团花的白云，还有带了哨子的鸽子，翩翩地，负了耀眼的阳光，适意地飞着，……

一阵军号鬼叫一样地响着了。

却是在这样的一个好天也有人要被处决了哩！

有多少个“勇敢”的兵士坐在汽车里把枪口朝外警戒着，坐在那中间的，却是一个比我们都年轻的孩子！

“就是他么，就是他么？”

有多少行路人是这样问了自己，谁都不相信，问过了之后还是不相信，只是紧紧地跟着。惯于以欢悦的态度来欣赏杀人的那些人，也觉到一点黯然了。

他真是年轻，他不过二十岁多一点，很善良的样子，他的脸色苍白，但却很镇静。

“为什么他要被处决呢？”这个问题看起来是不好回答的，可是有那么多爱杀人的人，就不得不有许多无辜被杀的人了。

载了他的那辆汽车是缓缓地缓缓地行着，多少人是随了走着，平时惯于喝采叫好的，现在成为默默的了，他们只像送葬的、哀伤的行列。

阳光照在街上，他看着那渐渐移后的景物，他瞥了最后的留恋的一眼，于是就过去了。

车在路的尽头停了，由两个兵士把他搀扶下来，他摇着头，摆开了兵士的手，自在地走着。他却像一个英雄一样地被处决，他的手和脚没有一点拘束，他的眼睛也没有蒙着布。他望着四周的观众笑着，好像在说：“朋友们，再见了。”观众中有的人已经在抹着眼睛。

本来是喧嚷的一群，现在已经成为哑然静默的了。

他向前走着，一步，两步，……

“站住！……”

突然一个声音在他的耳边像雷一样地响了起来，“拍”的一声，一颗子弹穿了他的胸部。他的手突然张开来，伸向左右，痛苦地叫着，又是“拍，拍”两声，两颗子弹穿进了他的头部。他的身子伏着倒下去，红的血在溢着，血泊中他的手脚和他的身子在打着抖。

“拍！”又是一颗子弹穿了他的心脏。于是他静止了。他不再动一动。

围看的人无声地走开了，有人在尸身上盖了一张破席。

这是一个美丽的、爽快的北方的秋天！

可是一个年轻的善良的人，就这样被处决了。

一九三四年秋

（选自《渡家》，商务印书馆1937年版）

阮玲玉与食尸兽

扫一扫，
♫ 收听有声版

柯 灵

艾霞自杀一年后，联华公司著名明星阮玲玉又于“三八”妇女节服毒自殉。

阮死后，陈尸万国殡仪馆，观者数万，报章喧腾，称为“艳尸”，谓其曼妙如生，栩栩可爱！而食尸兽一哄而起，纷纷借死人以自卖，陆离光怪，无聊无耻，出人意表。现摘录若干则，供他年修上海社会史者作参考。

唐季珊于阮玲玉死后，登报讣告，忽将唐家祖传堂名改为“敬玉堂”。某国货公司于春季大廉价中举行阮玲玉女士遗影展览，追谥阮为服用国货的倡导者：下开“飞花绉旗袍料特价每件三元”。××书局登出广告，大标题为“阮玲玉不死”，内载：欲明了阮玲玉的艺术和一切，请阅《女明星的日记》；欲知当代女明星恋爱香艳事实，请阅《女明星的情书》，两书合购，加赠《阮玲玉自杀与小传》一册。“葫芦神卜”某先生，于阮玲玉死后的广告上说：电影明星阮玲玉女士与张达民讼案，引起社会注意，阮之亲友，尤为关切，前夜有李君往占葫芦测字，摇占“禾”“尹”二字，叩询三月九日开审情形，能否调解，及阮能否投案。“神卜”断曰：“禾”字为无口可和，而“尹”字象形为伊人不见；再加以剖析，赫然一尸，凶机毕现。李君闻断，咋舌而退；而翌日阮竟以自杀闻，“神卜”其仙矣乎！

又，某报本埠零讯载一消息，首谓影坛巨星阮玲玉女士逝世，噩耗传来，全国震悼；继云女士生前主演之《香雪海》外景，系摄自杭州超山。冠生园梅林；然后作结论曰：如今物在人亡，冠生园梅林正欣欣向荣，陈皮梅源源出货，而阮女士则香消玉殒，与世长别。吾人食冠生园陈皮梅时，阮女士之玉影，每萦回于吾人之脑海中也云。

但昏瞀混乱中，也自有理智清明者在，《新女性》剧作者孙师毅先生挽阮玲玉女士一联，不但指明了阮自杀的因果关系，并可为上述现象作注脚：

“谁不想活着？说影片教唆人自杀吗？为什么许许多多：志节攸亏，

廉耻售尽，良心抹杀，正义偷藏，反自鸣卫道之徒，都尚苟安在人世。

我敢说死者，是社会胁迫她致死的，请只看罗罗唣唣，是非倒置，泾渭故淆，黑白不分，因果莫辨，却号称舆论的话，居然发卖到灵前。”

一九三五年三月

（选自《柯灵杂文集》，三联书店1984年版）

扫一扫，
收听有声版♫

怀《柚子》

聂绀弩

十多年前，我曾读到过鲁彦的小说：《柚子》。

《柚子》的故事现在记不清楚了。背景是湖南，在人们通常叫做大革命的直前直后，或者以前的什么时期，湖南某地方天天杀人，并且成群成群地杀。那些“验明正身，绑赴刑场”的被杀的人们中间，当然也有盗匪什么的，但多数恐怕还是青年，直到现在，某些人谈起，还一定要在那形容词上加个引号的前进的青年。杀了之后，人头到处挂起，人走到什么地方都可以碰见。人头究竟不是件平常的东西，看得太多，可以使人神经失常的，那小说里的某人后来在柚子上市的时候，一看见柚子了就联想到人头或者就以为是人头。终于悲哀地说：“你们湖南，柚子不值钱，人头也不值钱”（大意）。《柚子》的内容大概如此，似乎还曾引起湖南人的起哄，把作者赶走了的；后来，被收在书名《柚子》的小说集里面，又被鲁迅收入《中国新文学大系·小说二集》里。

那时候，我对于文艺什么的，毫无理解。看过《柚子》之后，并没有什么兴感，只把里面的几句话，和别的一些不相干的事情一齐记住了。人的记忆颇有些奇怪，要记的东西，纵然费许多力，还是会忘得干干净净。没有存心记忆的，又往往在没有想到它的时候，自己从记忆里浮现出来。《柚子》里的那几句话，就是如此。不知过了若干时日，不知是第几次记起那几句话，这才如有天启，恍然大悟地叫道："这不就是人权思想么？"于是我想：在咱们贵国，自古以来，杀人总是件极平常的事，杀了之后，把人头挂起示众，更其平常。人已经被杀了，即已经失去了知觉，他的头之被挂不挂以及挂在什么地方，在他真所谓无关痛痒了。民国初年，正是我十来岁的时候，住在城内，读书的小学却在城外，有一阵子，几乎每天放晚学回家，都会看见城门口高挂着一两个血迹模糊，肤色乌黑的人头。同时城门瓮里还一定有一张布告，宣布那死者的罪状，死者的名字上有一道通红的硃笔杠子，似乎就用死者的鲜血涂的。

我不但看见那些人头，还常常看见杀人。那时候，土匪和国民党人似乎都特别多。土匪不必谈，党人被捉住了也往往要杀头，据说是"乱党"。起初，土匪是土匪，"乱党"是"乱党"，罪状分得清清楚楚，也不同时杀；后来不知经过了些怎样的过程，两者就混淆起来，杀也一道儿杀了。但这，其实古已有之，据《新约全书》所载，耶稣就和窃贼同时在一块儿上十字架的。当时看见杀人，因为年纪小，什么事也不知道；后来回想一下，那些被杀的土匪和“乱党”，有许多其实两样都不是，倒不过是乡下的真正老牌的良民。咱们贵国人的固有的美德或民族性，据说是中庸，即不为已甚；和平，即不嗜杀人；以直报怨甚至以德报怨，即至少不诬陷自己的敌人。但这恐怕是指大家在平心静气地过日子，与世无争，杀机未动的时候。这样的时候，他们常常在茶楼酒肆平吃平喝，称兄道弟，抢得惠钞，而且以抢着了为快乐。然而“唯口兴戎”，纵使这样的场合，也不一定永久融融泄泄，和气一团。万一三言两语意见不合，马上就面红耳赤，瞋目戟指地对骂起来。起初止于“× 你的十八代祖宗”之类，无伤大雅。如果 × 不赢了，就不难听见这么一句话脱口而出：“你是 ××！”如果那时候“土匪”两个字是要人家的脑袋的，×× 就是土匪，决不是别的；如果“乱党”当令，×× 就是“乱党”，因时制宜，以此类推。但这样当面指骂的，平心而论，或者只是一些所谓阳份人，相骂无好口，一时气愤，并未顾及话的利害，纵使顾到，也不过想制伏对手，其意若曰：我有这样的法宝。你还不投降么？本意倒不在真地致人死命。至于被特殊任务的同志在邻座听见了，那只能算是对手倒霉，他自己不负责的。有一种阴险家伙，当面什么都不说，甚至人家骂他，他都不回言；但只要两天不见，他却早已溜进城里告下状了。状子上写的正是上述的 ××。不但告状，还要自己作证，还要串通别人出来作证，还要买活死囚出来攀诬，还要贿赂上上下下的公家的人们。“一不做，二不休”，“杀人不死反成仇”，一到这样程度，那就倾家荡产，在所不恤，只要能够把对手制死，好像对手真地 × 过他的十八代祖宗似的。在乡下，足以引起这种事件的原因非常多：绅士和绅士斗法，张家和李家比武，地主老爷惩戒佃户的欠租，大姓侵占小姓的田产，其起因往往很微，结局却常常很惨。官府是异乡他人，和本地人无关休戚，办的土匪和“乱党”的案子多，就显得他有才干，有政绩，能得到上峰的嘉奖乃至升迁。同时又可趁此收到一边或两边的“包袱”，把宦囊装得满满的，不但眼前可以置姬妾，买田产，一生吃著不尽，将来子孙还可感激零涕地追念：“我们现在之所以得有饭吃，全靠 × 世祖在某处做过官的原故！”何乐而不为？据我所知，有一个绅士被另一个更有力的绅士指为土匪，因为没有确证，只好关在牢里。恰巧那时候有一个同姓的土匪也关在牢里等候处决，那更有力的绅士显出最大的神通，在处决那土匪时，移花接木，把绅士抓出去应名杀掉了（所谓应名，即“验明正身”时，必定点名，要犯人答一声“有！”才能“绑赴刑场”，但这时候，将被杀的人早已魂死魄散，听不清堂上喊的什么，也不知道答应“有！”往往是提案人代答，所以可以舞弊），则当时杀人之多以及杀人之不问青红皂白或故意混淆青红皂白也可想见。

杀人有杀人的行列：走在前面的是“刀斧手”，穿着短装便衣，挽着袖子，手里提着雪亮的鬼头刀，刀把上拖着一道鲜红的绸子，也像是用谁的血染红的。脸上带着一点酒意，昂着头，挺着胸，雄赳赳，气昂昂，俨然天下无敌的英雄。接着是一排军队，全副武装，肩上荷着枪，枪上上着刺刀，走着正步，军号：“打大低，打大低！”皮鞋底在地上：“沙沙沙沙沙”，威风凛凛，杀气腾腾，像开到战场上去似的。再就是被绑赴刑场的犯人，灰白的赤膊，灰白的脸，他身上一定从来不曾有过血，纵使杀也杀不出血来；那脸隐藏在坚硬的，茨丛似的，长而且脏的头发和胡子之间，呆板得和死人的一样，假如不是有一对细小的眼睛正在躲避着阳光的迫害，同时也放出一点微弱的反光，你会怀疑他在被杀之前，早已死了。他的手反剪着，左右两个人擒住他，推着他走，否则，他的发着颤的腿，发着颤的全身会一步也走不动，连站也站不起，难以走完他在人生的旅途上的这最后几步的。这些犯人，这些被拖去杀的家伙，都是一些特殊的人类，他们的样子就极其特殊。除了他们，人决不会再看见那样灰白的脸和赤膊，那样脏的长头发和长胡子，那样害怕阳光的眼睛，那样发颤的腿，臂腿和肩背！凡是拖去杀的人都是那样子，凡是不拖去杀的人都不是那样子。由于经验的积累，于是得到一个确切不移的结论："挨刀的相"！那样的相的生之目的与意义就是挨刀，不是今天，就是明天，不是在这儿，就是在那儿，总是要挨刀的，虽是麻衣或柳庄相法上不知道规定过没有。有这样一个故事：一位什么老爷天天杀人，以致他的朋友都寒心了，于是劝他少杀几个。他说："我从来没有杀过一个人，从公案上望下去，绑赴刑场的没有一个是人的。不信，你下次站在我背后看看。"那位朋友后来果真站在他背后一看，这才恍然那些拖去杀的家伙都是本该杀的，因为他看见他们只是一群猪羊！我虽然没有站在老爷背后看过，挨刀的是猪羊的事，却相信一定千真万确；否则，在行列的最后，前呼后拥，坐着四人大轿的监斩官的态度，决不能那样泰然自若。

招摇过市之后，终于到了西郊的刑场。打久了疟疾的人，常有人劝他去看杀人，据说可以吓走附在身上的疟疾鬼。是否真能如此，不得而知。但因此可以明白：杀人的场景颇有些可怕的。记得第一次挤在人丛里看见一只“猪羊”身首异处，我吓得浑身打颤，以致忘记了跟着别人一齐拍手，那一次被杀的是两个人，看见杀了一个，就连忙从人丛中挤出，不敢看第二个了。看杀人的人们，在人头落地的当儿，定要拍手，好像听见精彩的讲演或看见精彩的戏剧表演一样，不知是什么道理。父亲告诉我：如果那人是该杀的，拍手的意思是：“可杀！可杀！”如果是不该杀的，意思则变成：“有手难救！”但我自己以及由观察而感得的别人的拍手，却实在并无此意。事先和事后，我们都无从得知被杀的人是属于那一样：拍起手来也非两下一顿或四下一顿那么有板有眼的。那时候有一支军队叫做“留鄂军”，弟兄们都是河南人，大概官长们也是的。假如我们那儿的人对于河南人有什么印象欠佳之处，就是那军队不但好杀人，并且几乎每次杀了人都要把死者的心肝挖出来，在老百姓家的门楼口用砖瓦搭成灶炒得吃。军队里的火食太值不得称赞，打牙祭恐怕只逢年遇节才有，平常都是像鲁智深所说：“口里淡出鸟来！”口馋的人，想吃点油荤或尝一点异味，都是极平常的事。

看见过许多次的杀人的行列，看见过许多次被杀的人身首异处的情景，也看见过许多次的人头挂在示众的地方。但是从来都没有想到里面会有些什么问题，鲁彦却把它当作题材，写成小说，向人类提出了他的控诉。

死刑的废止，大概还在遥远的将来。我们今天还处于一个杀以止杀，能杀才能生的悲惨的时代。但无论将来怎么遥远，一定要从现在走去：

无论走得怎样迟缓，也一定要走。因此，关于杀人的谁杀，杀谁，怎样杀，也就是是否合乎杀以止杀，以杀为生的原则的问题，不能不有所考究。不幸的是，只要略一考究，除了对于汉奸，卖国贼，贪污，违犯军纪，丧师失地等人的杀以外，很少合乎这个原则；而这种杀，在无数的杀人事件中，却只占着极少的数目。汉朝杀功臣韩信、彭越等，清朝杀权臣年羹尧等，不合乎这原则；孔子杀少正卯，秦始皇坑儒，清朝杀戴名世及屡次由文字贾祸的人，也不合乎这原则；龙逢、比干、岳飞、袁崇焕、谭嗣同等人的被杀和文天祥、史可法、李秀成、秋瑾、徐锡麟、史坚如、熊成基、宋教仁……等人的被杀，更没有一个合乎这原则。原来在这原则之上，还有个更大的原则，即权力者的自私：维持他们自己的统治。他们所希望止的是他们自己的被杀，也就是他们自己的生。孟子曰："不嗜杀人者能一之"，血污的统治，决难持久，他们自己也未必就能因之而生，即未必能不被别人杀掉。当然和上述的原则冲突。杀人中之最理直气壮，名正言顺的是惩治盗匪；但盗匪是政治不良。民不聊生的结果，不从改良政治，改良人民生活着手，只是杀人，未免舍本逐末。老子曰："民不畏死，奈何以死惧之？"实际也未能止杀，未必有人能因之而生。何况统治者诛戮异己的时候，尤其对于代表进步势力的个人或团体，无不指为盗匪，而刑罚则比施之于盗匪的还要酷烈。满清对于太平天国，民初的北洋政府对于国民党……就是例子。

凡是落后的民族，或各民族在过往的时代，法律思想不发达，道德观念薄弱，同情心缺乏，对于罪犯的处分，不知道分为若干等级，或所分的等级极少，轻微的过失也都处以死刑，而且方法极为残酷。杀了人不但毫无愧怍，反以多杀为雄武；以死者临命时的觳觫惊恐，宛转哀啼以及对尸体的若何处置，为可赏玩或者泄愤。古书上有“投畀豺虎”，“食肉寝皮”的忿语，有炮烙，虿盆的传说，有以人为祭品，作死人的殉葬的记载。可考的死刑有：烹、菹、醢、坑、车裂、腰斩、凌迟、剥皮……等等，罪犯死后，则人头可以作“饮器”，可以挂起示威，血可以“衅钟”，治病，心肝可以醒酒，生殖器可以“专车”。无论怎样痛苦的死，都不过是短时间的，死者总能忍受也无法不忍受，死后的种种处置更与死者无关。问题是杀人者竟能想出如此其多而残酷的杀人方法，竟能在别人如此其悲惨地死去的时候，从容逸豫，不动声色；竟能从死者的尸体上想出如此其多的用途！在我们日益接近文明的今天的人看来，实在非常难以理解！不知道尊重别人的生命的人，自己的生命也必不被别人尊重，自己有时且欲尊重而不可得；不知道同情别人的痛苦的人，不能希望别人同情自己的痛苦。或者正因为不知道尊重自己的生命，自己没有痛苦的感受官能，才也不尊重别人的生命，不同情别人的痛苦。凡此种种，都由于心灵的麻痹，感情的粗暴，人性的丧失，人与人之间的隔绝而来，同时也使心灵更麻痹，感情更粗暴，人性的萌芽更无从茁长，人与人之间的障壁更加厚而且坚！有如此麻痹粗暴的王侯将相高高在上，必然有同等麻痹粗暴的草民匍匐在下，或者被残酷地杀掉，或者奔走拥挤，鉴赏别人的被杀；纵有一二不麻痹粗暴的人或改进这麻痹粗暴的人，则往往更其不幸，他们要觉醒的灵魂去忍受那只有麻痹粗暴的人才能忍受，鉴赏那只有麻痹粗暴的人才能鉴赏的残酷！一部二十四史，都是如此写下；到了鲁彦才提出他的控诉，虽然未免太迟，却也幸而已经提出了！

“五四”新文化运动，被称为中国的文艺复兴。主要的思想内容，就是人的觉醒——人权思想的觉醒。这运动在欧洲只是有产者文化的抬头；中国的情形稍为复杂一点，也因之直到现在，我们还没有走完它的全程。关于人权思想，在艺术上尽过最大的努力，也获得了较大的成功的：自然是鲁迅（鲁迅也写过杀人的场景，《阿Q正传》和《药》）。但罗马非一日一人之力所建造，艺术与思想的殿堂，也决非一砖一石所可完功。因为和卢梭同时有许多大大小小的卢梭，卢梭才能写成他的《民约论》；因为和达尔文同时有许多大大小小的达尔文，才能证实达尔文的进化论的真确。鲁迅的伟大，决不由于他是一个孤独的天才，倒是因为他的前后以及同时的许多鲁迅中的最大者。鲁彦不但写过《柚子》以及和《柚子》近似的别的小说，同时还翻译过不少的被压迫民族的作品，如显克微支的集子《老仆人》之类，对于新文化的罗马，对于人权思想的艺术殿堂，是尽过了他的一人一日之力；他的《柚子》及同性质的作品与译品，也会永效着一砖一石之劳的。

今天，抗战已经七年多了，军事的顿挫和各方面进步的迂缓，使得二十多年来，其实并未宣告下野，倒无时无刻不在找机会奄有天下的中国旧文化思想以及浸透了旧文化思想的别的东西，连自己也看见了面前的墙壁。倘没有若何的改变，胜利的前途确保到如何程度，恐怕不容易断言，于是朝野上下，同时喊出了“民主”“宪政”的呼声。光看中国的先例，呼声常常只是呼声，或者只是白纸上的字迹，或者只是汤水的改换，对这次的呼声，也不必乐观得太早；如果同时也看看先进国的人民所走过的路程，则悲观又太无理由。那么，鲁迅、鲁彦以及许多别的先觉者所倡导鼓吹过的人权思想，迟早必定在中国发扬光大起来吧。自然，即使这思想现在已经浸透了每个角落，也嫌太迟；但中国民族究竟太老大，归文化思想的历史究竟太悠久，新思想若能早日贯彻，或者反是奇迹。无论经过怎样的迂回折曲，艰辛困苦，只要终有贯彻之日，只要贯彻的前途，像远海的帆影一样能为我们所辨认，我们也就够安慰了。展望当前，回顾既往，一面为未来的新中国祝福，一面向先行者们的业绩致敬，同时也不期而然地感到自己肩头上的负荷了。

一九四四年

（选自《聂绀弩杂文集》，三联书店1981年版）

扫一扫，
收听有声版♫

死之余响

赵丽宏

有些情绪，用文字是很难描绘出来的，即便是语言大师，恐怕也未必能随心所欲，把所有的情绪都真实而又形象地记录下来。我很钦佩作曲家，他们手中掌握的音符的表现力，远在文字之上，有时候文字只能状其皮毛，音乐却可以揭示内核，把复杂情绪的波动、回旋、变化、撞击奇妙地再现出来。这是由内而外的再现，有如泉水从曲折的岩洞中喷涌而出。当水花晶莹地四溅时，人们听到了水石相叩的丰富的音响，每一个瞬间的音响都不会重复，它们由远而近，由微弱的呜咽发展成浊重的轰鸣，你可以从中想象水流的经历，想象那岩洞的逶迤窄暗，想象清澈的泉水在冲出幽禁黑暗之后的狂喜……这一切，你是听到的而不是看到的，是音乐给了你具体又真切的联想。

譬如死，这是人人都必须经历的人生一课。这是一个休止符，生命的乐章到这里便戛然而止了，从此以后，所有的一切都消失，没有声音，没有色彩，只有谁也无法体会的无尽的黑暗和无底的深渊。很多作家写过死，描绘得很具体，渲染得有声有色，对于没有经历过死的读者们来说，大概也无所谓不真实。不过总会有疑问产生，我少年时代读小说时，便常常这样自问："真是如此么？写书的人自己没有死过，怎么会知道死者死时的感受呢？"结论是：都是编出来的。后来听到了法国作曲家圣桑的《死之舞蹈》，我的灵魂却受到了震动。这位曾经写过许多优美的小夜曲的音乐大师，居然用音符为死神画了一幅活动的肖像。在沉重而怪诞的旋律中，我仿佛看到了一个飘然起舞的黑影，那舞姿僵硬拙笨，每一次摇晃都展示着凶兆。他也伏地扭动，痛苦万状地扭动，白骨和白骨在扭动中碰得格格作响。黑影愈舞愈疯狂，终于被一阵风暴撕裂，裂成千千万万块碎片，如同一群黑色的乌鸦，沉默着展翅朝天空飞去。它们占据了天空，并且放声歌唱了，歌声并不是世间乌鸦那种令人心烦的聒噪，而是优美平静的叹息，像深秋的寒雨，一滴一滴疏朗而又均匀地落下来，落在遍地黄叶的原野上，激起悠长无尽的，激动人心的回声……

圣桑为我描绘的死神并不可怕，也不可憎，倒有点令人神往，其中有一种浪漫美妙的诗意。这和世人闻之色变的那个死神完全是两码事。唉，圣桑写《死之舞蹈》时毕竟也是个会说会笑的大活人，和作家们一样，他也未曾尝过死的滋味。也许，用一张黑纸或者一盘无声的磁带来描绘死神更好，在冥冥之中，无形的死神默默地跳着谁也看不见的舞，无法预料他将在哪一个男人或哪一个女人的身边停下脚步……

愈是神秘莫测的东西，愈是吸引人的注意力，这大概也是人类高明于其他生物的特点之一。死，作为一种必然的生理归宿，使很多人望而生畏，没有多少人乐意把自己的名字和这个动词连在一起；然而作为一种话题，死，却总是受人欢迎的，用悲伤、哀悼、同情、惋惜或者幸灾乐祸的语言谈论别人的死，可以消磨那些寂寞的时光。

我很难忘记我在旅途中的一次关于死的闲谈。那是几年前在南方某地的一个小旅馆中，当夜幕降临的时候，同室的四个人相对而坐，一起看着窗外寂寥的夜色默不作声，气氛很有些尴尬。中国的小旅馆习惯了把素不相识的人硬塞到一间屋子里作伴，于是那些生性腼腆孤僻的人便有罪可受了。好在同室的另外三位都是走南闯北惯了的小旅馆常客，很快便找到话题打破了尴尬的局面。话题是缤纷的，古今中外，天南海北，那几位似乎都想炫耀一下自己的见识。但他们的话题引不起我的兴趣。这时，门外旅馆女服务员的一只半导体收音机里突然大声放起了音乐，正巧，是圣桑的《死之舞蹈》。音乐不客气地从门缝里钻出来，几乎淹没那几位兴致勃勃的声音。

“倒霉，放这种死人音乐！”

睡在我对面的一个中年人忿忿地嚷了一声。他的抱怨使我大感兴趣，我问：“你知道这是什么曲子？”

“知道，是《死人跳舞》。”中年人不假思索地回答后，又补充道，“那是听我的一个邻居说的，他是个医生，不知为什么老喜欢听这号小曲，知道这曲儿叫《死人跳舞》后，我一听见它心里就发毛，背心里直起鸡皮疙瘩。为啥？这曲儿让我想起‘文革’中那些个跳楼自杀的人。”

“你见过跳楼的人？”另一位房客插进来问道。

“见过！离我家不远有一幢大楼，人称自杀大楼，‘文革’中有十几个人从这楼上跳下来。我亲眼就看见了四个。有一个老人摔折了腿骨，白花花的骨头从脚弯里戳出来，戳穿了裤腿，老人还没断气，手指还一颤一颤往地里抠。看热闹的里三层外三层挤得人山人海，就是没有人来救他，眼看着他躺在地上死过去。看热闹的都说这老头准是畏罪自杀，可等收尸的把老人抬起来时，他的手心里飘下一张白纸来，纸上是三个血写的字：我无罪。听说这老人是个教师，教了一辈子书，真惨了。还有个年轻轻的女人，也不知道是干啥的，半夜里从楼上跳下来，摔破了脑壳，脑浆整个飞出来，溅得满地都是……”

中年人声音幽下来，再也不往下说。过好久，才有人打破了沉默：

“唉，真作孽！‘文革’中自杀的人太多了，我也见过好几个，有服毒的，有投河的，有吸煤气的，也有吊死的。我们那里的一所医院里有个老中医，挺出名的，外省的人都来找他治病，‘文革’一开始，他就变成了特务，天天戴高帽子游街，老医生活不下去了，自杀啦……”

“怎么自杀的？”

“是服毒的吧？他是医生嘛！”

“不，是用衬衫把自己勒死的。他被关起来隔离审查，哪里找得到毒药，连裤带也被收了去。夜深人静后，他脱下衬衫，撕成一条一条，搓成一根绳子，绳子一头系在床架上，一头套在脖子上，两只脚也无法悬空，不知怎么就自己把自己勒死了。”

“唉，说起上吊，我在‘文革’头一年见到过两个上吊自杀的人，那场面才叫壮观。也是老人，两个，一对老夫妻，男的八十三岁，是一个著名技术权威，从前一家老小都在美国和加拿大，解放后，他就带着老婆回国参加建设来了，把儿女都撂在了国外。‘文革’一开始就搞到了他头上。抄家抄了三天三夜，财产家具整整运走了八大卡车。那帮抄家的爷儿们也实在缺德，从箱子里翻出儿女们从国外带给老两口的寿衣，硬逼他们穿上，大伏天，穿着厚厚的大袍大褂，人不人鬼不鬼的，满身大汗地被牵着游斗。小孩子跟在后面朝他们身上扔番茄皮、煤球灰。几个钟点游斗下来，老夫妻俩全瘫了。你想，他们受的西方教育，一直被人敬重，哪里受得了这样的屈辱。他们住宅的窗户面对着一条最热闹的大马路，第二天早晨，这条马路交通堵塞了，成千上万的人从四面八方拥到这条马路上来看热闹。看什么？看两个上吊自杀的人！这对老夫妻想得绝了，打开了窗户，把绳索系在窗框上，然后将绳索套在颈脖上往窗外跳，这样人就悬挂在窗外了。老夫妻俩身穿着宽大挺刮的寿衣，双双悬挂在大马路上空，就像两面迎风飘扬的黑旗。这场面，我死也忘不了。成千上万人站在下面抬头向上看，谁也不敢大声说话，只听见一片轻轻的啧啧声……”

屋子里又是一阵静默，过一会，又有人开腔了：

“这些自杀的人，真得有些勇气才行。我佩服他们。你们不把人当人看，我就死给你们看！有种！那些窝窝囊囊活着的人，真该向他们学学才对呢。”

“你这话怎么讲？‘文革’中窝窝囊囊活过来的人太多啦，要是都去自杀，中国恐怕要死一大半人呢！我们那里有个京剧团，‘文革’开始后，团里有一半演员挨批挨斗，斗得可惨了，有的被剃光了头，有的被打折了腰，从前被人喝彩捧场，现在天天冲厕所扫马路，还时不时要低头下跪地请罪，你说窝囊不窝囊。可他们还是活过来了，现在一个个又都名气响当当了……”

“不，也有例外的！我就听说过一个女演员自杀的事。也是个唱京剧的，才二十几岁，‘文革’前，刚开始唱得有点红，很多人捧她。后来被斗得一塌糊涂，还被关进了‘牛棚’。一天，看‘牛棚’的突然发现她越窗逃走了，到处找也找不到。第二天才在剧团的化妆室里找到了她。她换上了大红缎子的戏装，头上戴着凤冠，脸上还精心化了妆，就像从前上台之前一样。她直挺挺地躺在地上，死了，是用剪刀剪开了动脉，鲜血浓浓地流了一地……”

隔壁有人开自来水龙头，哗哗的流水声听起来惊心动魄。不言而喻，大家都从这声音中联想到那流了一地的女演员的血……

“哦，可怕，太可怕了。”

“听说外国有专门介绍怎样自杀的书，我们中国大概没有翻译过。看来自杀并不需要指导的，只要你抱定心思想死叫总会想出办法来。假使把‘文革’中自杀的人死法写成一本书，大概比外国的《自杀指南》

还要丰富。是不是啊，你们说呢？”

说这段话的那位想用他的幽默来冲淡屋子里肃穆的气氛，但是没有人被他的幽默感染。接他话碴儿的那一位语气依然肃穆：

“说得不错，只要想死，总有办法。我老婆单位里有一个小青年，不知怎么成了‘现行反革命’，把他关在一间屋子里审讯了两天两夜，不给吃也不给睡，把那小青年弄得精疲力竭。可那帮搞车轮大战的专案人员有吃有睡，一个个精力充沛，怎么也不放那小青年过门。好，想出了新花招，用麻绳把小青年两脚一捆，倒吊在房梁上，叫做‘倒挂金钟’，这倒挂的钟非响不可。可那小青年偏偏是个犟牛，硬是一声不吭，专案人员把门一关扬长而去，临走留下话来：什么时候招供，什么时候放你下来！过几个小时进门一看，那倒挂着的小青年死了，自杀了！他的死法谁也没有预料到——他的脚吊在房梁上，下垂的双手正好够得着地上的一张写字台，台面上有一块玻璃板，他把玻璃板砸碎了，用一块碎玻璃抹脖子，割断了气管……

隔壁的水龙头依然在哗哗地流……

“是呵，那些想自杀的确实有办法。我们那里以前有一个党支部书记……”

“算了，别说了，再说下去，‘文革’中屈死的冤魂今晚都要到这屋子里集会来了！”

“说吧，这是最后一个，到此为止。”

“那个党支部书记是个血气很盛的中年汉子，芝麻绿豆官，也算是

‘死不悔改的走资派’，又是斗，又是关。这老兄也绝了，随你怎么斗他批他打他折磨他，他就是不说一句话，只是用一双火冒冒的眼睛瞪你，结果苦头越吃越大。怕他自杀，那些看守他的人日日夜夜盯着他，不让他有片刻的自由，连上厕所也有人看着。可他还是自杀了，死了！那天送饭给他吃，看守站在他前面陪着，只见他拿起一双竹筷子，定定地看了几秒钟，突然抽出其中一根，用极快的速度塞进自己的鼻孔，然后猛地将头重重地向桌面上叩去，只听‘噗’地一声，长长的竹筷子整个儿戳进了他的鼻孔，戳到了脑子里！那党支部书记仰面翻倒在地上，当场就死了，连哼都没有哼一声。”

此后，谁也没有再开口。一切嘈杂的声音都消遁了，只有深秋的风，哮喘一般在窗外游荡。夜幕下的世界和我们一起想着心事。

哦，那些勇敢而又可怜的人！

哦，那些本该灿烂地活下去却被凶暴无情的狂风吹折了的生命！

死神并没有点他们的名，他们却坚定地顽强地攀上了死神的囚车。

他们的生命停止在一个个多么可怕的符号上！这些符号，至今想起来，依然使人的心灵颤抖。他们死了，含着冤屈，怀着愤怒，憋着满腔的疑问和哀怨。你们死了，他们冷却了的躯体曾经被无数相识和不相识的人围着看着指点着议论着……

也许，无数活着的人曾面对着他们的尸体这样默默地问过：“为什么他死了？为什么他们死了？为什么有这么多的人要自己结束自己的生命？为什么……”

于是，在无声的黑夜里，便有了一些回响，一些闪烁着火星的回响。

这天夜里，我再也无法入睡。窗外的夜空上，几颗稀疏的寒星晶莹地亮着，应和着我的遐想。不知怎的，我的耳畔老是回旋着圣桑的《死之舞蹈》，音乐的形象，也一遍又一遍在我的眼前重现着——

一群黑影飘然起舞，伏地扭动，舞姿痛苦万状。狂风撕裂了黑影，裂成千千万万块碎片，如同一群黑色的乌鸦，沉默着展翅向天空飞去。它们占据了天空，并且放声歌唱了，歌声并不是世间乌鸦那种令人心烦的聒噪，而是优美平静的叹息，像深秋的寒雨，一滴一滴疏朗而又均匀地落下来，落在遍地黄叶的原野上，激起悠长无尽的、激动人心的回声……

一九八六年十月七日于上海

（选自《作家》，1987年1月号）

秋

扫一扫，
♫ 收听有声版

丰子恺

我的年岁上冠用了“三十”二字，至今已两年了，不解达观的我，从这两个字上受到了不少的暗示与影响。虽然明明觉得自己的体格与精力比二十九岁时全然没有什么差异，但“三十”这一个观念笼在头上，犹之张了一顶阳伞，使我的全身蒙了一个暗淡色的阴影，又仿佛在日历上撕过了立秋的一页以后，虽然太阳的炎威依然没有减却，寒暑表上的热度依然没有降低，然而只当得余威与残暑，或霜降木落的先驱，大地的节候已从今移交于秋了。

实际，我两年来的心情与秋最容易调和而融合。这情形与从前不同。在往年，我只慕春天。我最欢喜杨柳与燕子。尤其欢喜初染鹅黄的嫩柳。我曾经名自己的寓居为“小杨柳屋”，曾经画了许多杨柳燕子的画，又曾经摘取秀长的柳叶，在厚纸上裱成各种风调的眉，想象这等眉的所有者的颜貌，而在其下面添描出眼鼻与口。那时候我每逢早春时节，正月二月之交，看见杨柳枝的线条上挂了细珠，带了隐隐的青色而“遥看近却无”的时候，我心中便充满了一种狂喜，这狂喜又立刻变成焦虑，似乎常常在说：“春来了！不要放过！赶快设法招待它，享乐它，永远留住它。”我读了“良辰美景奈何天”等句，曾经真心地感动。以为古人都太息一春的虚度，前车可鉴！到我手里决不放它空过了。最是逢到了古人惋惜最深的寒食清明，我心中的焦灼便更甚。那一天我总想有一种足以充分酬偿这佳节的举行。我准拟作诗，作画，或痛饮，漫游。虽然大多不被实行；或实行而全无效果，反而中了酒，闹了事，换得了不快的回忆；但我总不灰心，总觉得春的可恋。我心中似乎只有知道春，别的三季在我都当作春的预备，或待春的休息时间，全然不曾注意到它们的存在与意义。而对于秋，尤无感觉：因为夏连续在春的后面，在我可当作春的过剩；冬先行在春的前面，在我可当作春的准备；独有与春全无关联的秋，在我心中一向没有它的位置。

自从我的年龄告了立秋以后，两年来的心境完全转了一个方向，也变成秋天了。然而情形与前不同：并不是在秋日感到像昔日的狂喜与焦灼。我只觉得一到秋天，自己的心境便十分调和。非但没有那种狂喜与焦灼，且常常被秋风秋雨秋色秋光所吸引而融化在秋中，暂时失却了自己的所在。而对于春，又并非像昔日对于秋的无感觉。我现在对于春非常厌恶。每当万象回春的时候，看到群花的斗艳，蜂蝶的扰攘，以及草木昆虫等到处争先恐后地滋生蕃殖的状态，我觉得天地间的凡庸，贪婪，无耻，与愚痴，无过于此了！尤其是在青春的时候，看到柳条上挂了隐隐的绿珠，桃枝上着了点点的红斑，最使我觉得可笑又可怜。我想唤醒一个花蕊来对它说：“啊！你也来反复这老调了！我眼看见你的无数的祖先，个个同你一样地出世，个个努力发展，争荣竞秀；不久没有一个不憔悴而化泥尘。你何苦也来反复这老调呢？如今你已长了这孽根，将来看你弄娇弄艳，装笑装颦，招致了蹂躏，摧残，攀折之苦，而步你的祖先们的后尘！”

实际，迎送了三十几次的春来春去的人，对于花事早已看得厌倦，感觉已经麻木，热情已经冷却，决不会再像初见世面的青年少女地为花的幻姿所诱惑而赞之，叹之，怜之，惜之了。况且天地万物，没有一件逃得出荣枯，盛衰，生灭，有无之理。过去的历史昭然地证明着这一点，无须我们再说。古来无数的诗人千遍一律地为伤春惜花费词，这种效颦也觉得可厌。假如要我对于世间的生荣死灭费一点词，我觉得生荣不足道，而宁愿欢喜赞叹一切的死灭。对于前者的贪婪，愚昧，与怯弱，后者的态度何等谦逊，悟达，而伟大！我对于春与秋的舍取，也是为了这一点。

夏目漱石三十岁的时候，曾经这样说：“人生二十而知有生的利益；二十五而知有明之处必有暗；至于三十的今日，更知明多之处暗亦多，欢浓之时愁亦重。”我现在对于这话也深抱同感；有时又觉得三十的特征不止这一端，其更特殊的是对于死的体感。青年们恋爱不遂的时候惯说生生死死，然而这不过是知有“死”的一回事而已，不是体感。犹之在饮冰挥扇的夏日，不能体感到围炉拥衾的冬夜的滋味。就是我们阅历了三十几度寒暑的人，在前几天的炎阳之下也无论如何感不到浴日的滋味。围炉，拥衾，浴日等事，在夏天的人的心中只是一种空虚的知识，不过晓得将来须有这些事而已，但是不能体感它们的滋味。须得入了秋天，炎阳逞尽了威势而渐渐退却，汗水浸胖了的肌肤渐渐收缩，身穿单衣似乎要打寒噤，而手触法郎绒觉得快适的时候，于是围炉，拥衾，浴日等知识方能渐渐融入体验界中而化为体感。我的年龄告了立秋以后，心境中所起的最特殊的状态便是这对于“死”的体感。以前我的思虑真疏浅！以为春可以常在人间，人可以永在青年，竟完全没有想到死。又以为人生的意义只在于生，我的一生最有意义，似乎我是不会死的。直到现在，仗了秋的慈光的鉴照，死的灵气钟育，才知道生的甘苦悲欢，是天地间返复过亿万次的老调，又何足珍惜？我但求此生的平安的度送与脱出而已。犹之罹了疯狂的人，病中的颠倒迷离何足计较？但求其去病而已。

我正要搁笔，忽然西窗外黑云弥漫，天际闪出一道电光，发出隐隐的雷声，骤然洒下一阵夹着冰雹的秋雨。啊！原来立秋过得不多天，秋心稚嫩而未曾老练，不免还有这种不调和的现象，可怕哉！

一九二九年

（选自《缘缘堂随笔集》，浙江文艺出版社1983年版）

中 年

扫一扫，
♫ 收听有声版

俞平伯

什么是中年？不容易说得清楚，只得我暂时见到的罢。

当遥指青山是我们的归路，不免感到轻微的战栗。（或者不很轻微更是人情。）可是走得近了，空翠渐减，终于到了某一点，不见遥青，只见平淡无奇的道路树石，憧憬既已销释了，我们遂坦然长往。所谓某一点原是很难确定的，假如有，那就是中年。

我也是关怀生死颇切的人，直到近年方才渐渐淡漠起来，看看从前的文章，有些觉得已颇渺茫，有隔世之感。莫非就是中年到了的缘故么？仿佛真有这么一回事。

我感谢造化的主宰，他老人家是有的话。他使我们生于自然，死于自然，这是何等的气度呢！不能名言，惟有赞叹；赞叹不出，唯有欢喜。

万想不到当年穷思极想之余，认为了解不能解决的“谜”，的“障”，直至身临切近，早已不知不觉的走过去，什么也没有看见。今是而昨非呢？昨是而今非呢？二者之间似乎必有一个是非。无奈这个解答，还看你站的地位如何，这岂不是“白搭”。以今视昨则昨非；以昨视今，今也有何是处呢。不信么？我自己确还留得依微的忆念。再不信么？青年人也许会来麻烦您，他听不懂我讲些什么。这就是再好没有的印证了。

再以山作比。上去时兴致蓬勃，惟恐山径虽长不敌脚步之健。事实上呢，好一座大山，且有得定哩。因此凡来游的都快乐地努力地向前走。及走上山顶，四顾空阔，面前蜿蜒着一条下山的路，若论初心，那时应当感到何等的颓唐呢。但是，不。我们起先认为过健的脚力，与山径相形而见绌，兴致呢，于山尖一望之余随烟云而俱远；现在只剩得一个意念，逐渐的迫切起来，这就是想回家。下山的路去得疾啊，可是，对于归人，你得知道，却别有一般滋味的。

试问下山的与上山的偶然擦肩而过，他们之间有何连属？点点头，说几句话，他们之间又有何理解呢？我们大可不必抱此等期望，这原是不容易的事。至于这两种各别的情味，在一人心中是否有融会的俄顷，惭愧我不大知道。依我猜，许是在山顶上徘徊这一刹那罢。这或者也就是所谓中年了，依我猜。

“表独立兮山之上，”可曾留得几许的徘徊呢。真正的中年只是一点，而一般的说法却是一段；所以它的另一解释也就是暮年，至少可以说是倾向于暮年的。

中国文人有“叹老嗟卑”之癖，的确是很俗气，无怪青年人看不上眼。以区区之见，因怕被人说“俗”并不敢言“老”，这也未免雅得可以了。所以倚老卖老果然不好，自己嘴里永远是“年方二八”也未见得妙。甚矣说之难也，愈检点愈闹笑话。

究竟什么是中年，姑置不论，话可又说回来了，当时的问题何以不见了呢，当真会跑吗？未必。找来找去，居然被我找着了：

原来我对于生的趣味渐渐在那边减少了。这自然不是说马上想去死，只是说万一（？）死了也不这么顶要紧而已。泛言之，渐渐觉得人生也不过如此。这“不过如此”四个字，我觉得醰醰有余味。变来变去，看来看去，总不出这几个花头。男的爱女的，女的爱小的，小的爱糖，这是一种了。吃窝窝头的直想吃大米饭洋白面，而吃饱大米饭洋白面的人偏有时非吃窝窝头不行，这又是一种了。冬天生炉子，夏天扇扇子，春天困斯梦东，秋天惨惨戚戚，这又是一种了。你用机关枪打过来，我便用机关枪还敬，没有，只该先你而乌乎。……这也尽够了。总而言之，统而言之，不新鲜。不新鲜原不是讨厌，所以这种把戏未始不可以看下去；但是在另一方面，说非看不可，或者没有得看，就要跳脚拍手，以至于投河觅井。这个，我真觉得不必。一不是幽默，二不是吹，识者鉴之。

看戏法不过如此，同时又感觉疲乏，想回家休息，这又是一要点。老是想回家大约就是没落之兆。（又是它来了，讨厌？）“劳我以生，息我以死，”我很喜欢这两句话。死的确是一种强迫的休息，不愧长眠这个雅号。人人都怕死，我也怕，其实仔细一想，果真天从人愿，谁都不死，怎么得了呢？至少争夺机变，是非口舌要多到恒河沙数。这真怎么得了！我总得保留这最后的自由才好。——既然如此说，眼前的夕阳西下，岂不是正好的韶光，绝妙的诗情画意，而又何叹惋之有。

他安排得这么妥当，咱们有得活的时候，他使咱们乐意多活；咱们不大有得活的时候，他使咱们甘心少活。生于自然里，死于自然里，咱们的生活，咱们的心情，永远是平静的。叫呀跳呀，他果然不怕，赞啊美啊，他也是不懂。“天地不仁”“大慈大悲……”善哉善哉。

好像有一些宗教的心情了，其实并不是。我的中年之感，是不值一笑的平淡呢。——有得活不妨多活几天，还愿意好好的活着；不幸活不下去，算了。

“这用得你说吗？”

“是，是，就此不说。”

（选自《杂拌儿之二》，江西人民出版社1983年版）

中年人

扫一扫，
♫ 收听有声版

叶圣陶

接到才见了一面的一位青年的信，中间有“这回认识了你这个中年人”的话。原来是中年人了，至少在写信给我的青年的眼光里已经是了。

平时偶然遇见旧友，不免说一些根据直觉的话：从前在学校里年龄最小，体操时候总作“排尾”，现在在常相从过的朋辈中间，以年龄论虽不至于作“排头”，然而前十名是居之不疑的了。或者说：同辈的喜酒仿佛早已吃完了，除了那好像缺少了什么的“续弦”的筵席。及至被问到儿女有几，他们多大了，当不得不据实回答：大的在中学，身子比我高出半个头，小的几岁了，已经进了小学。

听了这些话，对方照例说：“时光真快呀。才一眨眼，就有如许不同。我们哪得不老呢！”这是不知多少世代说熟了的烂调。犹如春游的人一开口就是“桃红柳绿，水秀山明”似的，在谈到年龄呀儿女呀的场合里，这烂调自然而然脱口而出；同时浮起一种淡淡的伤感心情，自己就玩味这种伤感心情，取得片刻的满足。我觉得这是中年人的乏味处。听这么说，我只好默然不语或者另外引起一个端绪，以便谈下去。

中年的文人往往会“悔其少作”。仿佛觉得目前这样的功力才到了家，够了格；以今视昔，不知当时的头脑何以那样荒唐，当时的手腕何以那样粗疏。于是对着“少作”颜面就红起来，一直蔓延到颈根。非文人的中年人也一样。人家偶尔提起他的少年情事，如抱不平一拳把人打倒在地，与某女郎热恋至于相约同逃之类，他就现出一副尴尬的神态说：“不用提了，那时候真是胡闹！”你若再不知趣，他就要怨你有意与他为难了。

大概人到中年，就意识地或非意识地抱着“言为士则，行为世范”的大志。发些议论，写些文字，总得含有教训意味。人家受不受教训当然是另一问题；可是不教训似乎不过瘾，那就只有搭起架子来说话作文了。虽是寻常的一举一动，也要在举动之先反省说：“这是不是可以给后辈示范的？”于是步履从容安详了，态度中正和平了，喜怒哀乐发而皆中节，差不多可以入圣庙的样子。但是，一个堪为“士则”“世范”的中年人的完成，就是一个天真活泼爽直矫健的青年人的毁灭。一般中年人“悔其少作”，说“那时候真是胡闹”，仿佛当初曾经做过青年人是他们的绝大不幸；其实，所有的中年人如果都这样悔恨起来，那才是人间的绝大不幸呢。

在电影院里，可以看到中年人的另一方面。臂弯里抱着孩子，后面跟着女人，或者加上一两个大点儿的孩子，昂起了头找坐位。牵住了人家的衣襟，踩着了人家的鞋，都不管得，都像没有这回事。找到坐位了，满足地坐下来，犹如占领了一个王国。明明是在稠人广座之中，而那王国的无形的墙壁障蔽得十分严密，使他如入无人之境。所有视听之娱仿佛完全属于他那王国的；几乎忘了同时还有别人存在。这情形与青年情侣所表现的不同。青年情侣在唧唧哝哝之外，还要看看四周围，显示他们在广众中享受这份乐趣的欢喜和骄傲。中年人却同作茧而自居其中的蚕蛹一样，不论什么时候只看见他自己的茧子。

已经是中年人了，只希望不要走上那些中年人的路。

（选自《叶圣陶散文甲集》，四川人民出版社1983年版）

扫一扫，
收听有声版♫

秋天的况味

林语堂

秋天的黄昏，一人独坐在沙发上抽烟，看烟头白灰之下露出红光，微微透露出暖气，心头的情绪便跟着那蓝烟缭绕而上，一样的轻松，一样的自由。不转眼缭烟变成缕缕的细丝，慢慢不见了，而那霎时，心上的情绪也跟着消沉于大千世界，所以也不讲那时的情绪，而只讲那时的情绪的况味。待要再划一根洋火，再点起那已点过三四次的雪茄，却因白灰已积得太多，点不着，乃轻轻的一弹，烟灰静悄悄的落在铜垆上，其静寂如同我此时用毛笔写在中纸上一样，一点的声息也没有。于是再点起来，一口一口的吞云吐雾，香气扑鼻，宛如偎红倚翠温香在抱情调。于是想到烟，想到这烟一般温煦的热气，想到室中缭绕暗淡的烟霞，想到秋天的意味。这时才忆起，向来诗文上秋的含义，并不是这样的，使人联想的是萧杀，是凄凉，是秋扇，是红叶，是荒林，是萋草。然而秋确有另一意味，没有春天的阳气勃勃，也没有夏天的炎烈迫人，也不像冬天之全入于枯槁凋零。我所爱的是秋林古气磅礴气象。有人以老气横秋骂人，可见是不懂得秋林古色之滋味。在四时中，我于秋是有偏爱的，所以不妨说说。秋是代表成熟，对于春天之明媚娇艳，夏日之茂密浓深，都是过来人，不足为奇了，所以其色淡，叶多黄，有古色苍茏之慨，不单以葱翠争荣了。这是我所谓秋天的意味。大概我所爱的不是晚秋，是初秋，那时暄气初消，月正圆，蟹正肥，桂花皎洁，也未陷入凛烈萧瑟气态，这是最值得赏乐的。那时的温和，如我烟上的红灰，只是一股熏熟的温香罢了。或如文人已排脱下笔惊人的格调，而渐趋纯熟炼达，宏毅坚实，其文读来有深长意味。这就是庄子所谓“正得秋而万宝成”结实的意义。在人生上最享乐的就是这一类的事。比如酒以醇以老为佳。烟也有和烈之辨。雪茄之佳者，远胜于香烟，因其气味较和。倘是烧得得法，慢慢的吸完一枝，看那红光炙发，有无穷的意味。鸦片吾不知，然看见人在烟灯上烧，听那微微哔剥的声音，也觉得有一种诗意。大概凡是古老，纯熟，熏黄，熟炼的事物，都使我得到同样的愉快。如一只熏黑的陶锅在烘炉上用慢火炖猪肉时所发出的锅中徐吟的声调，是使我感到同观人烧大烟一样的兴趣。或如一本用过二十年而尚未破烂的字典，或是一张用了半世的书桌，或如看见街上一块熏黑了老气横秋的招牌，或是看见书法大家苍劲雄深的笔迹，都令人有相同的快乐，人生世上如岁月之有四时，必须要经过这纯熟时期，如女人发育健全遭遇安顺的，亦必有一时徐娘半老的风韵，为二八佳人所绝不可及者。使我最佩服的是邓肯的佳句："世人只会吟咏春天与恋爱，真无道理。须知秋天的景色，更华丽，更恢奇，而秋天的快乐有万倍的雄壮，惊奇，都丽。我真可怜那些妇女识见褊狭，使她们错过爱之秋天的宏大的赠赐。"若邓肯者，可谓识趣之人。

（选自《我的话》（下），时代图书公司1934年版）

冬天来了

扫一扫，
♫ 收听有声版

叶灵凤

“哦，风啊，如果冬天来了，春天还会远吗？”

这是雪莱的《西风歌》里的名句，现代英国小说家赫钦逊曾用这作过书名 :《如果冬天来了》。郁达夫先生很赏识这书，十年前曾将这小说推荐给我，我看了一小半，感不到兴趣，便将书还了给他，他诧异我看得这样快，我老实说我看不下去，他点头叹息说 :

“这也难怪，这是你们年轻人所不懂的。这种契诃夫型的忧郁人生意味，只有我们中年人才能领略。”

时间过得快，转瞬已是十年，而且恰是又到了雪莱所感叹的这时节。黄花已瘦，园外银杏树上的鹊巢从凋零的落叶中逐渐露出来，对面人家已开始装火炉，这时节不仅是谁都幻想着要过一个舒适的冬天，而且正是在人生上，在一年的生活上，谁都该加以回顾和结算的时候了。

我是最讨厌契诃夫小说中所描写的那类典型人物的人，因此便也不大爱看契诃夫的小说，诚如高尔基在回忆中所说：

“读着安东·契诃夫的小说的时候，人就会感到自己是在晚秋底一个忧郁的日子里，空气是明净的，裸的树，狭的房屋，灰色的人们的轮廓是尖锐的。……

人是该生活在光明里的，每个年轻人都这样想；但实际上的人生，实在是灰黯和可耻的结合。到了中年，谁都要对契诃夫所描写的生活在卑俗和丑恶里的人们表同情，十年前达夫爱读《如果冬天来了》的理由正是这样，但那时的我是全然不理解这些的。

十年以前，我喜爱拜伦，喜爱龚定庵。我不仅抹杀了契诃夫，而且还抹杀了人生上许多无可逃避的真理，在当时少年的心中，以为人生即使如梦，那至少也是一个美丽的梦。

今年冬天，如果时间和环境允许我，我要细细的读一读契诃夫的小说和剧本，在苍白的天空和寒冷的空气中，领略一下这灰黯的人生的滋味。但我并不绝望，因为如果有一阵风掠过窗外光秃的树枝的时候，我便想起了雪莱的名句：

“哦！风啊！如果冬天来了，春天还会远吗？”

（选自《读书随笔》，上海杂志公司1936年版）

扫一扫，
收听有声版 ♫

中 年

苏雪林

如果说人的一生，果然像年之四季，那么除了婴儿期的头，斩去了死亡期的尾，人生应该分为四个阶段，即青年、壮年、中年、老年是也。自成童至二十五岁为青春期，由此至三十五岁为壮年期，由此至四十五岁为中年期，以后为老年期。但照中国一般习惯，往往将壮年期并入中年，而四十以后，便算入了老年，于是西洋人以四十岁为生命之开始，中国人则以四十为衰老之开始。请一位中国中年，谈谈他身心两方面的经验，也许会涉及老年的范围，这是我们这未老先衰民族的宿命，言之是颇为可悲的。若其身体强健，可以活到八九十或百岁的话，则上述四期，可以各延长五年十年，反之则缩短几年。总之这四个阶级的短长，随人体质和心灵的情况分之，不必过于呆板。

中年和青年差别的地方，在形体方面也可以显明地看出。初入中年时，因体内脂肪积蓄过多，而变成肥胖，这就是普通之所谓“发福”。男子“发福”之后，身材更觉魁伟，配上一张红褐色的脸，两撇八字胡，倒也相当的威严。在女人，那就成了一个恐慌问题。如名之为“发福”，不如名之为“发祸”。过丰的肌肉，蚕食她原来的娇美，使她变成一个粗蠢臃肿的“硕人”。许多爱美的妇女，为想瘦，往往厉行减食绝食，或操劳，但长期饥饿辛苦之后，一复食和一休息，反而更肥胖起来。我就看见很多的中年女友，为了胖之一字，烦恼哭泣，认为那是莫可禳解的灾殃。不过平心而论，这可恶的胖，虽然夺去了你那婀娜的腰身，秀媚的脸庞和莹滑的玉臂，也偿还你一部分青春之美。等到你肌肉退潮，脸起皱纹时，你想胖还不可得呢。

四十以后，血气渐衰，腰酸背痛，各种病痛乘机而起。一叶落而知天下秋，一星白发，也就是衰老的预告。古人最先发现自己头上白发，便不免再三嗟叹，形之吟咏，谁说这不是发于自然的情感。眼睛逐渐昏花，牙齿也开始动摇，肠胃则有如淤塞的河道，愈来愈窄。食欲不旺，食量自然减少。少年凡是可吃的东西，都吃得很有味，中年则必须比较精美的方能入口，而少年据案时那种狼吞虎咽的豪情壮概，则完全消失了。

对气候的抗拒力极差。冬天怕冷，夏天又怕热。以我个人而论，就在乐山这样不大寒冷的冬天，棉小袄再加皮袍，出门时更要压上一件厚大衣，晚间两层棉被，而汤婆子还是少不得。夏天热到八九十度，便觉胸口闭窒，喘不过气来。略为大意，就有触暑发痧之患。假如自己原有点不舒服，再受这蒸郁气候压迫时，便有徘徊于死亡边沿的感觉。古人目夏为“死季”，大约是专为我们这种孱弱的中年人或老年人而说的吧。

再看那些青年人，大雪天竟有仅穿一件夹袍或一件薄棉袍而挺过的。夏季赤日西窗，挥汗如雨，一样可以伏案用功。比赛过一场激烈的篮球或足球后，浑身热汗如浆，又可以立刻跳入冷水池游泳。使我们处这扬合，非疯瘫则必罹重感冒了。所以青年在我们眼里不但怀有辟尘珠而已，他们还有辟寒辟暑珠呢。啊，青年真是活神仙！

记得从前有位长辈，见我常以体弱为忧，便安慰我说，青年人身体里各种组织都很脆弱，而且空虚，到了中年，骨髓长满，脏腑的营养功能也完成，体气自然充强。这话你们或者要认为缺少生理学的根据，而我却是经验之谈，你将来是可以体会到的，听了这番话后，我对于将来的健康，果然抱了一种希望。匆匆20余年，这话竟无兑现之期，才明白那长辈的经验只是他个人的经验而已。不过青年体质虽健旺而神经则似乎比较脆弱，所以青年有许多属于神经方面的疾病。我少年时，下午喝杯浓茶或咖啡，或偶而构思，或精神受了小小刺激，则非通宵失眠不可。用脑筋不能连续二小时以上，又不能天天按时刻用功。于今这些现象大都不复存在，可见我的神经组织确比以前坚固了。不过这也许是麻木，中年人的喜怒哀乐，都不如青年之易于激动，正是麻木的证据。

有人说所谓中年的转变，如其说它是属于生理方面，毋宁说它是属于心理方面。人生到了四十左右，心理每会发生绝大变化，在恋爱上更特别显明。是以有人定四十岁为人生危险年龄云云。这话我从前也信以为真，而且曾祈祷它赶快实现。因为我久已厌倦于自己这不死不生的精神状况，若有个改换，哪管它是哪里来的，我都一样欣喜地加以接受。然而没有影响，一点也没有。也许时候还没有到，我愿意耐心等待。可是我预料它的结局，也将同我那对生理方面的希望一般。要是真来了呢，我当然不愿再行接受丘比特的金箭，我只希望文艺之神再一度拨醒我心灵创作之火，使我文思怒放，笔底生花，而将十余年预定的著作计划，一一实现。听说四十左右是人生的成熟期，西洋作家有价值的作品，大都产于此时。谁说我这过奢的期望，不能实现几分之几？但回顾自己的身体状况，又不免灰心，唉，这未老先衰民族的宿命！

中年人所最恼恨自己的，是学习的困难。学习的成绩，要一个仓库去保存它，那仓库就是记忆力，但人到中年，这份宝贵的天赋，照例要被造物主收回。无论什么书，你读过一遍后，可以很清晰的记得其中情节，几天以后，痕迹便淡了一层，一两个月后，只留得一点影子，以后连那点影子也模糊了。以起码的文字而论，幼小时候学会的结构当然不易遗忘，但有些俗体破体先入为主——这都是从油印讲义，教员黑板，影印的古书来的——后来想矫正也觉非常之难。我们当国文教师的人，看见学生在作文簿上写了俗破体的字，有义务替他校正。校过二三回之后，他还再犯，便不免要生气怪他太不小心，甚至心里还要骂他几声低能。然而说也可怜，有些不大应用的字，自己想写时，还得查查字典呢。

我有亲戚某君，中学卒业后，为生活关系，当了猢狲王。常自恨少时英文没有学好，四十岁以上，居然下了读通这门文字的决心。他平日功课太忙，只能利用暑假，取古人三冬文史之意。这样用了三四个假期的功，英文果大有进步，可以不假字典而读普通文学书，写信作文，不但通而且可说好。但后来他还是把这“劳什子”丢开手了。他告诉我们说，中年人想学习一种新才艺，不惟事倍功半，竟可以说不可能，原因就为了记忆力退化得太厉害。以学习生字，幼时学十多个字要费一天半天功夫，于今半小时可以记得四五十个。有时沾沾自喜，以为自己的头脑比幼时还强。是的，从理解力而论，现在果大胜于幼年时代，这种强记的本领，大半是靠理解力帮忙的。但强记只能收短时期的功效。那些生字好比一群小精灵，非常狡猾，它们被你抓住时，便服服帖帖地服从你指挥，等你一转背，便一个一个溜之大吉。有人说读外国文记生字有秘诀，天天温习一次，就可以永为己有了。这法子我也曾试过，效果不能说没有，但生字积上几百时，每天温习一次，至少要费上几小时的时间，所学愈多，担负愈重，不是经济办法，何况搁置一天，仍然遗忘了呢。翻开生字簿个个字认得，在别处遇见时，则有时像有些面善，但仓卒间总喊不出它的名字，有时认得它的头，忘了它的尾；有时甲的意义会缠到乙上去。你们看见我英文写读的能力，以为学到这样的程度，抛荒可惜。不知那点成绩是我在拼命用功之下产生出来的，是努力到炉火纯青时，生命锤砧间，敲打出来的几块钢铁。将书本子搁开三五个月，我还是从前的我。一个人非永远保有追求时情热，就维持不住太太的心，那么她便是天上神仙，也只有不要。我的生活环境既不许我天天捧着英文念，则我放弃这每天从坠下原处再转巨石上山的希腊神话里受罪英雄的苦工，你们该不至批评我无恒吧。

不仅某君如此，大多数中年用功的人都有这经验。中年人用功往往是“竹篮打水一场空”，照法国俗话，又像是“檀内德的桶”，这头塞进，那头立刻脱出。听说托尔斯泰以八十高龄还能从头学希腊文，而哈理孙女士七十多岁时也开始学习一种新文字。那是天才的头脑，非普通人所能企及的。不过中年人也不必因此而灰了做学问的雄心，记忆力仍然强的，当然一样可以学习。

所以，青年人禀很高的天资，又处优良的环境，而悠悠忽忽不肯用心读书，或者将难得光阴，虚耗在儿戏的恋爱和无聊的争逐上，真是莫大的罪过，非常的可惜。

学问既积蓄在记忆的仓库里，而中年人的记忆力又如此之坏，那么你们究竟有些什么呢？嘘，朋友，我告诉你一个秘密，轻轻地，莫让别人听见。我们是空洞的。打开我们的脑壳一看，虽非四壁萧然，一无所有，却也寒伧得可以。我们的学问在哪里，在书卷里，在笔记簿里，在卡片里，在社会里，在大自然里，幸而有一条绳索，一头连结我们的脑筋，一头连结在这些上，只须一牵动，那些埋伏着的兵，便听了暗号似的，从四面八方蜂拥出来，排成队伍，听我自由调遣。这条绳索，叫做“思想的系统”，是我们中年人修炼多年而成功的法宝。我们可以向青年骄傲的，也许仅仅是这件东西吧。设若不幸，来了一把火，将我们精神的壁垒烧个精光，那我们就立刻窘态毕露了。但是，亏得那件法宝水火都侵害它不得，重挣一份家当还不难，所以中年人虽甚空虚，自己又觉得很富裕。

上文说中年喜怒哀乐都不易激动，不过这是神经麻木而不是感情麻木。中年的感情实比青年深沉，而波澜则更为阔大。他不容易动情，真动情连自己也怕。所谓“中年伤于哀乐”，所谓“中年不乐”，正指此而言。青年遇小小伤心事，便会号咷涕泣，中年的眼泪则比金子还贵，然而青年死了父母和爱人，当时虽痛不欲生，过了几时，也就慢慢忘记了。中年于之生离死别，表面虽似无所感动，而那深刻的悲哀，会啮蚀你的心灵，镌削你的肌肉，使你暗中消磨下去。精神的创口，只有时间那一味药可以治疗，然而中年人的心伤也许到死还不能结合。

中年人是颓废的。到了这样年龄，什么都经历过了，什么都味尝过了，什么都看穿看透了。现在呢，满足了。希望呢，大半渺茫了。人生的真义，虽不容易了解，中年人却偏要认为已经了解，不完全至少也了解它大半。世界是苦海，人是生来受罪的，黄连树下的弹琴，毒蛇猛兽窥伺着的井边，啜取酽蜜，珍惜人生，享受人生，所谓人生真义不过是这么一回事。中年人不容易改变他的习惯，细微如抽烟喝茶，明知其有害身体，也克制不了。勉强改了，不久又犯，也许不是不能改，是懒得改，它是一种享乐呀！女人到了三十以上，自知韶华已谢，红颜不再，更加着意装饰。为什么青年女郎服装多取素雅，而中年女人反而欢喜浓妆艳抹呢，文人学士则有文人学士的哀乐，“天上一轮好月，一杯得火候好茶，其实珍惜之不尽也”。张宗岱《陶庵梦忆》，就充满了这种“中年情调”。无怪在这火辣辣战争时代里，有人要骂他为“有闲”。

人生至乐是朋友，然而中年人却不易交到真正朋友，由于世故的深沉，人情的历炼，相对之际，谁也不能披肝露胆，掏出性灵深处那片真纯。少年好友相处，互相尔汝，形影双忘，吵架时好像其仇不共戴天，转眼又破涕为欢，言归于好了。中年人若在友谊上发生意见，那痕迹便终身拂拭不去，所以中年人对朋友总客客气气的有许多礼貌。有人将上流社会的社交，比做箭猪的团聚：箭猪在冬夜离开太远苦寒，挤得太紧又刺痛，所以它们总设法永远保持相当的距离。上流人社交的客气礼貌，便是这距离的代表。这比喻何等有趣，又何等透彻，有了中年交友经验的人，想来是不会否认的。不过中年人有时候也可以交到极知心的朋友，这时候将嬉笑浪谑的无聊，化作有益学问的切磋，酒肉争逐的浪费，变成严肃事业的互助。一位学问见识都比你高的人，不但能促进你学业上的进步，更能给你以人格上莫大的潜移默化。开头时，你俩的意见，一个站在南极的冰峰，一个据于北极的雪岭，后来慢慢接近了，慢慢同化了。你们辩论时也许还免不了几场激烈的争执，然而到后来，还不是九九归元，折衷于同一的论点。每当久别相逢之际，夜雨四窗，烹茶剪烛，举凡读书的乐趣，艺术的欣赏，变幻无端的世途经历，生命旅程的甘酸苦辣，都化作娓娓清谈，互相勘查，互相印证，结查往往是相视而笑，莫逆于心。其趣味之隽永深厚，决不是少年时代那些浮薄的友谊可比的。

除了独身主义者，人到中年，谁不有个家庭的组织。不过这时候夫妇间的轻怜密爱，调情打趣都完了，小小离别，万语千言的情书也完了，鼻涕眼泪也完了，闺闼之中，现在已变得非常平静，听不见吵闹之声，也听不见天真孩气的嬉笑。新婚时的热恋，好比那春江汹涌的怒潮，于今只是一潭微澜不生，莹晶照眼的秋水。夫妇成了名义上的，只合力维持着一个家庭罢了。男子将感情意志，都集中于学问和事业上。假如他官运亨通，一帆风顺的话，做官定已做到部长次长，教书，则出洋镀金以后，也可以做到大学教授；假如他是个作家，则灾梨祸枣的文章，至少已印行过三册五册；在商界非银行总理，则必大店的老板。地位若次了一等或二等呢，那他必定设法向上爬。在山脚望着山顶，也许有懒得上去的时候，既然到半山或离山顶不远之处，谁也不肯放弃这份“登峰造极”的光荣和陶醉不是？听说男子到了中年，青年时代强盛的爱欲就变为权势欲和领袖欲，总想大权独揽，出人头地，所以倾轧、排挤、嫉妒、水火种种手段，在中年社会里玩得特别多。啊，男子天生个个都是政客！

男子权势欲领袖欲之发达，即在家庭也有所表现。在家庭，他是丈夫，是父亲，是一家之主。许多男子都以家室之累为苦，听说从前还有人将家庭画成一部满装老小和家具的大车，而将自己画作一个汗流气喘拼命向前拉曳的苦力。这当然不错，当家的人谁不是活受罪，但是，你应该知道做家主也有做家主的威严。奴仆服从你，儿女尊敬你，太太即说是如何的摩登女性，即靠你养活，也不得不委曲自己一点而将就你。若是个旧式太太，那更会将你当作神明供奉。你在外边受了什么刺激，或在办公所受了上司的指斥，憋着一肚皮气回家，不妨向太太发泄发泄，她除了委曲得哭泣一场之外，是决不敢向你提出离婚的。假如生了一点小病痛，便可以向太太撒撒娇，你可以安然躺在床上，要她替你按摩，要她奉茶奉水，你平日不常吃到的好菜，也不由她不亲下厨房替你烧。撒娇也是人生快乐之一，一个人若无处撒娇，那才是人生大不幸哪！

女人结婚之后，一心对着丈夫，若有了孩子，她的恋爱就立刻换了方向。尼采说："女人种种都是谜，说来说去，只有一个解答，叫做生小孩。"其实这不是女人的谜，是造物主的谜，假如世间没有母爱，嘻，你这位疯狂哲学家，也能在这里摇唇弄笔发表你轻视女性的理论么？女人对孩子，不但是爱，竟是崇拜，孩子是她的神。不但在养育，也竟在玩弄，孩子是她的消遣品。她爱抚他，引逗他，摇撼他，吻抱他，一缕芳心，时刻萦绕在孩子身上。就在这样迷醉甜蜜的心情中，才能将孩子一个个从摇篮尿布之中养大。养孩子就是女人一生的事业，就这样将芳年玉貌，消磨净尽，而匆匆到了她认为可厌的中年。

青年生活于将来，老年生活于过去，中年则生活于现在。所以中年又大都是实际主义者。人在青年，谁没有一片雄心壮志，谁没有一番宏济苍生的抱负，谁没有种种荒唐瑰丽的梦想。青年谈恋爱，就要歌哭缠绵，誓生盟死，男以维特为豪，女以绿蒂自命；谈探险，就恨不得乘火箭飞入月宫，或到其它星球里去寻觅殖民地；话革命，又想赴汤蹈火与恶势力拼命，披荆斩棘，从赤土上建起他们理想的王国。中年人可不像这么罗曼谛克，也没有这股子傻劲。在他看来，美的梦想，不如享受一顿精馔之实在；理想的王国，不如一座安适家园之合乎他的要求；整顿乾坤，安民济世，自有周公孔圣人在那里忙，用不着我去插手。带领着妻儿，安稳住在自己手创的小天地里，或从事名山胜业，以博身后之虚声，或丝竹陶情，以为中年之怀抱，或着意安排一个向平事了，五岳毕游以后的娱老之场。管它世外风云变幻，潮流撞击，我在我的小天地里还一样优哉游哉，聊以卒岁。你笑我太颓唐，骂我太庸俗，批评我太自私，我都承认，算了，你不必再寻着我缠了。

不过我以上所说的话，并不认为每个中年人都如此，仅说我所见一部分中年人呈有这种表象而已。希望中年人读了拙文，不致于对我提起诉讼，以为我在毁坏普天下中年人的名誉。其实中年才是人生的成熟期，谈学问则已有相当成就，谈经验则也已相当丰富，叫他去办一项事业，自然能够措置有力，精神灌注，把它办得井井有条。少年是学习时期，壮年是练习时期，中年才是实地应用时期，所以我们求人必求之于中年。

少年读古人书，于书中所说的一切，不是盲目的信从，就是武断的抹煞。中年人读书比较广博，自然参伍折衷，求出一个比较适当的标准。他不轻信古人，也不瞎诋古人。他决不把婴儿和浴盆的残水都泼出。他对于旧殿堂的庄严宏丽，能给予适当的赞美和欣赏，若事实上这座殿堂非除去不可时，他宁可一砖一石，一栋一梁，慢慢地拆，材料若有可用的，就保存起来，留作将来新建筑之用，决不卤卤莽莽地放一把火烧得寸草不留，后来又有无材可用之叹。少年时读古人书，总感觉时代已过，与现代不发生交涉，所以恨不得将所有线装书一齐抛入毛厕；甚至西洋文艺宗哲之书，也要替它定出主义时代的所属，如其不属他们所信仰的主义和他们所视为神圣的时代，虽莎士比亚、拉辛、贝多芬、罗丹等伟大天才心血的结晶，也恨不得以“过时”、“无用”两句话轻轻抹煞。中年人则知道这种幼稚狂暴的举动未免太无意识，对于文化遗产的接受也是太不经济，况且古人书里说的话就是古人的人生经验，少年人还没有到获得那种经验的年龄，所以读古人书总感觉隔膜，到了中年了解世事渐多，回头来读古人书又是一番境界，他对于圣贤的教训，前哲的遗谟，天才血汗的成绩，不像少年人那么狂妄地鄙弃，反而能够很虚心地加以承认。

青年最富于感染性，容易接受新的思想。到了中年，则脑筋里自然筑起一千丈铜墙铁壁，所以中年多不能跟着时代潮流跑。但据此就判定中年“顽固”的罪名，他也不甘伏的。中年涉世较深，人生经验丰富，判断力自然比较强。对于一种新学说新主义，总要以批评的态度，将其中利弊，实施以后影响的好坏仔细研究一番。真个合乎需要，他采用它也许比青年更来得坚决。他又明白一个制度的改良，一个理想的实现，不一定需要破坏和流血，难道没有比较温和的途径可以遵循？假如青年多读历史，认识历来那些不合理性革命之恐怖，那些无谓牺牲之悲惨，那些毫无补偿的损失之重大，也许他们的态度要稳健些了。何况时髦的东西，不见得真个是美，真个合用，年轻女郎穿了短袖衫，看见别人的长袖，几乎要视为大逆不道，可是二三年后又流行长袖，她们又要视短袖为异端了。幸而世界是青年与中老年共有的，幸而青年也不久会变成中老年，否则世界三天就要变换一个新花样，能叫人活得下去么，还是谢谢吧。

踏进秋天园林，只见枝头累累，都是鲜红，深紫，或黄金色的果实，在秋阳里闪着异样的光。丰硕，圆满，清芬扑鼻，蜜汁欲流，让你尽情去采撷。但你说想欣赏那荣华绚烂的花时，哎，那就可惜你来晚了一步，那只是春天的事啊！

（选自《苏雪林选集》，安徽文艺出版社1989年版）

当我老了的时候

扫一扫，
♫ 收听有声版

苏雪林

我的同学某女士常对人说，她平生最不喜接近的人物为老人，最讨厌的事为衰迈，她宁愿于红颜未谢之前，便归黄土；不愿以将来的鸡皮鹤发取憎于人，更取憎于对镜的自己。女子本以美为第二生命，不幸我那朋友便是一个极端爱美的人。她的话乍听似乎有点好笑，但我相信是从她灵魂深处发出的。“美人自古如名将，不许人间见白头”，也许不是天公不许美人老，而是美人自己不愿意老，女人殉美的决心，原同烈士殉国一样悲壮啊！

我生来不美，所以也不爱美，为怕老丑而甘心短命，这种念头从来不曾在我脑筋里萌生过。况且年岁是学问事业的本钱，要想学问事业的成就较大，就非活得较长不可。世上那些著作等身的学者，功业彪炳的伟人，很少在三四十岁以内的。所以我不怕将来的鸡皮鹤发为人所笑（至于镜子照不照，更是我的自由），只希望多活几岁，让我多读几部奇书，多写几篇只可自悦的文章，多领略一点人生意义就行。

但像我这样体质，又处于这个时代，也许嘉定的雾季一来，我就会被可怕的瘴气带了走，也许几天里就恰恰有一颗炸弹落在头顶上，或一粒机关枪子从胸前穿过，我决没有勇气敢同命运打赌，说可以夺取“老”的锦标。然则现在何以忽然用这个题目写文章呢？原来一则新近替某杂志写了篇《老年》，有些溢出的材料，不忍抛弃，借此安插；二则人到中年，离开老也不远了，自然而然会想到老境的种种。所以虚构空中楼阁，骗骗自己，聊作屠门之快，岂有他哉。

形体龙钟，精神颟顸，虽说是一般老人的生理现象，但以西洋人体格而论，六十五岁以内的老人如此，便不算正常状态。我不老则已，老则定然与自然讲好“健”的条件，虽不敢希冀那一类步履如飞精神纯粹的老神仙的福气，而半死半活的可怜生命，我是不愿意接受的。

老虽有像我那位朋友所说的可厌处，但也有它的可爱处。我以为老人最大的幸福是清闲的享受。真正的清闲。不带一点杂质的清闲的享受。

这里要用个譬喻来说明。当学生的人喜爱星期六下午更甚于星期日。普通学校每天都有功课而星期六下午往往无课。六天紧张忙碌的生活，到这时突然松弛下来，就好像负重之驴卸去背上担负而到清池边喝口水那么畅快。况且星期六下午自一时到临睡前十时止，也不过九、十个钟头，因其短促，更觉可贵，更要想法子利用。或同朋友作郊外短距离的散步；

或将二小时的光阴化费于电影院溜冰场；或上街买买东西；或拜访亲朋。有家的则回家吃一顿母亲特为我准备的精美晚餐，与兄弟姊妹欢叙几天的契阔。晚餐以后的光阴也要将它消磨在愉快的谈话与其它娱乐里，然后带着甜蜜之感，上床各寻好梦。到了次日，虽说有整天的自由，但想到某先生的国文笔记未记，某先生的算学练习题未演，某先生的英文造句未做，不得不着急，于是只好埋头用功了。懒惰的学生不愿用功，而心里牵挂这，牵挂那，也不能安静。老年就是我们一生里的星期六。为什么呢？世界无论进化到何程度，生活总须用血和汗去换来，不过文化进步的社会，人类精力的浪费比较少些罢了，由粗的变成精的，猥贱的变成高尚的罢了。种田的打铁的以为我们知识分子谋生不需血汗，其实文人写稿子买米下锅，艺术家拿他的作品去换面包，教书匠长年吃粉笔灰，长年绞脑汁读参考书编讲义，无形的血汗也许比他们流得更多。生活的事哪有容易的呢！当少壮中年辛苦奋斗之后，到老年便是休息的日子来到。少壮和中年不易得到闲暇，即偶尔得点闲暇，心里还是营营扰扰，割不断，拨不开。惟有老人，由社会退到家庭里，换言之，就是由人生的战场退到后方，尘俗的事，不再来烦扰我，我也不必再去想念它，便真正达到心迹双清的境界。

“有闲”本来要不得，本来是布尔乔亚的口气。但不被生活重担压得精疲力尽的人，不知闲的快乐；不到自己体力退化而真正来不得的人，也不知闲之重要；不是想利用无多的生命从事心爱的事业——例如文人之于写作，学者之于研究——而偏不可得的人，也不知闲的可贵。动辄骂人有闲，等自己遇着上述这些情景，也许失了再开口的勇气呢。

仿佛哈理孙女士曾说她爱老年，老年不但可以获得一切的尊敬，结交个男朋友，他对你也不致怀抱戒心，社会也不致有所疑议。我读此言，每发会心的微笑。今日中国社交虽比从前自由，但还未达到绝对公开的地步，事实上男女间友谊与恋爱，也还没有定出严格分别的标准。你若结交一位异性朋友，不但社会要用一只猜疑的眼在等侯你的破绽；对方非疑你有意于他而不敢亲近你，则自己误堕情网，酿成你许多麻烦。总之，在中国像欧美社会那种异性间高尚纯洁的友谊是很少的，甚至可以说完全没有。我以为朋友只有人格学问趣味不同，不应有性的分别。为避嫌疑而使异性朋友牺牲其砥砺切磋之乐，究竟是社会的不大方与不聪明。但社会习惯也非一时可改，我们将来若想和异性做朋友，还是借重自己年龄的保障吧。

爱娇是青年女郎天性，说话的声气，要婉转如出谷新莺；笑的时候，讲究秋波微转，瓠犀半露，问年龄几乎每年都是“年方二八”。所以女作家们写的文章，大都扭扭捏捏，不很自然。不自然是我最引为讨厌的，但也许过去的自己也曾犯了这种毛病。到老年时，说话可以随我的便，爱怎么说就怎么说。要骂就摆出老祖母的身份严厉给人一顿教训。要笑就畅快地笑，爽朗地笑，打着哈哈地笑。人家无非批评我倚老卖老，而自己却解除了捏着腔子说话的不痛快。

人老之后，自己不能作身体的主，免不得要有一个或两个侍奉她的人。有儿女的使儿女侍奉，没儿女的就使金钱侍奉。没儿女而又没钱，那只好硬撑着老骨头受苦。年老人身体里每有许多病痛，如风湿，关节炎，筋骨疼痛，阴雨时便发作，往往通宵达旦不能睡眠。血液循环滞缓，按摩成了老人最大的需要。听说我的祖母自三十多岁起，便整天躺在床上，要我母亲替她捶背，拍膝，捻脊筋。白昼几百遍，夜晚又几百遍。我姊妹长大后，代替母亲当了这个差使，大姊是个老实女孩，宁可让祖母丫头水仙、菊花什么的，打扮得妖妖气气，出去同男仆们厮混，而自己则无日无夜替祖母服劳。我也老实，但有些野。我小时最爱画马，常常偷大人的纸笔来画，或在墙上乱涂乱抹。我替祖母按摩时，便在祖母身上画马，几拳头拍成一个马头，几拳头拍成一根马尾，又几拳头拍成马的四蹄。本来拍背，会拍到颈上去，本来捶膝，会捶到腰上去，所以祖母最厌我，因此也就豁免我这项苦差。我现在还没有老，但白昼劳碌筋骨，或用了脑力以后，第二天醒在床上，便浑身酸痛，发胀。很希望有人能替我捶捶拍拍，以便舒畅血液。想到白乐天的“一婢按我腰，一婢捶我股”，对于此公的老福，颇有心向往之之感。朋友某女士年龄同我差不多，也有了我现在的生理现象，她为对付现在及将来，曾多方设法弄了个小使女，但后来究竟不堪种种淘气，仍旧送还其家。她说老年图舒服，不如养个孝顺儿女的好，所以她后悔没有结婚。

听说中国是个善于养老的国家，圣经贤传累累数千万言，大旨只教你一个“孝”字。我不敢轻视那些教训，但不能不承认它是一部“老人法典”，是老人根据自私自利的心理制定的。照内则及其它事亲的规矩，如昏定、晨省、冬温、夏凊、出必告、返必面，父母在不敢远游那一套，或扶持搔抑，倒痰盂，涤溺器……儿女简直成了父母的奴隶。奴隶制度虽不人道，而实为人生安适和幸福所不可无。游牧民族的阶级只有主奴两层。前清的大官，洗面穿衣抽烟都要“二爷”动手，而古罗马的文明，据说建筑在奴隶身上。现代文明人用机械奴隶，奴隶数目愈多，则愈足为其文明之表示。细微动物如蚂蚁也有用奴的发明，奴之不可少也如是夫！但最善于用奴的还是中国人。奴隶被强力压迫替你服务，心里总不甘伏。有机会就要反叛。否则他就背后捣你的鬼，使你怄气无空。至于儿子，既为自己的亲骨肉，有感情的维持，当然不愁他反叛，一条“孝”的软链子套在他的颈脖儿上，叫他东不敢西，叫他南不敢北，叫他死也不敢不死，这样称心适意的奴隶哪里去访求呢？不过叫青年人牺牲半辈子的劳力和光阴，专来伺候我这个无用老物，像我母亲之于我祖母，及世俗相传的二十四孝之所为，究竟有点说不过去。儿女受父母养育之恩，报答是天经地义，否则就不是人，但父母抱着养儿防老的旧观念，责报于儿女，就不大应该了。有人说中国当儿女的人能照圣贤教训行的，一万人里也找不出一两个，大半视为具文，敷衍个面子光就是。真正父子间浓挚的感情似乎还要西洋家庭里去寻觅，所以你的反对岂非多此一举？是的，这番话我自己也承认是多余的，但我平生就憎恶虚伪，与其奉行虚伪的具文，不如完全没有的好。所以我祈祷大同世界早日实现，有设备完全的养老院让我们去消磨暮景，遣送残年。否则我宁可储蓄一笔钱，到老来雇个妥当女仆招呼我。我不敢奴隶下一代国民——我的儿女，假如我有儿女的话。

婆媳同居的制度更不近人情，不知产生多少悲剧。欧风东渐，大家庭的制度自然破坏，有人以为人心世道之忧，我却替做媳妇的庆幸，也替做公婆的庆幸，从此再没有兰芝和唐氏的痛史；以及胡适先生买肉诗里的情形，不好吗？每日儿孙绕膝，这个分给一个梨，那个分给一把枣，当然是老人莫大的乐趣，不能常得，也算了。养一只好看的小猫，它向你迷呜迷呜地叫，同小嘴娇滴滴唤“奶奶”似乎有同样的悦耳；当你的手摩抚着它的背毛时，它就咕噜咕噜打呼，表示满腔的感恩和热爱，也够动人爱怜。况且畜生们只须你喂养它，便依依不去，从不会嫌憎你的喋喋多言，也不会讨厌你那满脸皱纹的老丑的。

人应该在老得不能动弹之前死掉。中国虽说是个讲究养老的国家，其实对于老人常怀迫害之意。原壤老而不死，于孔子甚事，孔子要拿起手杖来敲他的脚骨，并骂他为“贼”。书传告诉我们，有将老人供进鸡窝的，有送进深山饿死的。活到百岁的人，一般社会称之为“人瑞”，而在家庭也许被视为妖怪。这里我想起几种乡间流传的故事，某家有一老婆子活到九十多岁，除聋聩龙钟外亦无它异。一日，她的孙媳妇在厨房切肉，忽见一大黄猫跃登肉砧，抢了一块肉就吃，孙媳妇以刀背猛击之，倏然不见。俄闻祖婆在家里喊背痛，刀痕宛然，这才发现她已经成了精怪。又某村小孩多患夜惊之疾，往往不治而死。巫者说看见一老妇骑一大黑猫，手持弓箭，向窗缝飞入射小儿，所以得此病。后来发现作祟者是某家曾祖母与她形影不离的猫。村人聚集要求某家除害，某家因自己家里小儿也不平安，当然同意。于是假托寿材合成，阖家治筵庆祝，乘老祖母醉饱之际，连她的猫拥之入棺，下文我就不忍言了。宜城方面对于老而不死的妇人，有夜骑扫帚飞上天之传说，则近于西洋女巫之风，但究竟以与猫的关系为多，也许是因为老妇多喜与猫作伴之故。我最喜养猫，身边常有一只，我也最爱飞，希望常常能在青天碧海之间回翔自得，只恨缺乏安琪儿那双翅膀，如其将来我的爱猫能驮着我满天空飞，那多有趣；扫帚也行，虽然没有巨型蓉克机那么威武，反正不叫你花一文钱。现在飞机票除了达官大贾有谁买得起。

当我死的时候，我要求一个安宁静谧的环境。像诗人徐志摩所描写的他祖老太太临终时那种福气，我可丝毫不羡。谁也没有死过来，所以谁也不知死的况味。不过据我猜想，大约不苦，不但不苦，而且很甜。你瞧过临终人的情况没有？死前几天里呻吟辗转，浑身筋脉抽搐，似乎痛苦不堪。临断气的一刹那忽然安静了，黯然的双眼，放射神辉，晦气的脸色，转成红润，蔼然的微笑，挂于下垂的口角，普通叫这个为“回光返照”，我以为这真是一个难以索解的生理现象，安知不是生命自苦至乐，自短促至永久，自不完全投入完全的征兆？我们为什么不让他一点灵光，从容向太虚飞去，而要以江翻海沸的哭声来打搅他最后的清听？而要以恶孽般牵缠不解的骨肉恩情来攀挽他永福旅途的第一步？若不信灵魂之说，认定人一死什么都完了，那么死是人的休息，永远的休息，我们一生在死囚牢里披枷带锁，性灵受尽了拘挛，最后一刹那才有自在翱翔的机会，也要将它剥夺，岂非生不自由，死也不自由吗？做人岂非太苦吗？

我死时，要在一间光线柔和的屋子里，瓶中有花，壁上有画，平日不同居的亲人，这时候，该来一两个坐守榻前。传汤送药的人，要悄声细语，蹑着脚尖来去。亲友来问候的，叫家人在外接待，垂死的心灵，担荷不起情谊的重量，他们是应当原谅的。灵魂早洗涤清净了，一切也更无遗憾，就这样让我徐徐化去，像晨曦里一滴露水的蒸发，像春夜一朵花的萎自枝头，像夏夜一个梦之澹然消灭其痕迹。

空袭警报又呜呜地吼起来了。我摸摸自己的头，也许今日就要和身体分家。幻想，去你的吧。让我投下新注，同命运再赌一回看。

（选自《苏雪林选集》，安徽文艺出版社1989年版）

扫一扫，
收听有声版 ♫

人生之最后

弘一法师

岁次壬申十二月，厦门妙释寺念佛会请余讲演，录写此稿。于时了识律师卧病不起，日夜愁苦，见此讲稿，悲欣交集，遂放下身心，屏弃医药，努力念佛。并扶病起，礼大悲忏，吭声唱诵，长跽经时，勇猛精进，超胜常人。见者闻者，靡不为之惊喜赞叹，谓感动之力有如是剧且大耶。余因念此稿虽仅数纸，而皆撮录古今嘉言及自所经验，乐简略者或有所取。乃为治定，付刊流布焉。弘一演音记。

第一章 绪 言

古诗："我见他人死，我心热如火，不是热他人，看看轮到我。"人生最后一段大事，岂可须臾忘耶！今为讲述，次分六章，如下所列。

第二章　病重时

当病重时，应将一切家事及自己身体悉皆放下。专意念佛，一心希冀往生西方。能如是者，如寿已尽，决定往生。如寿未尽，虽求往生而病反能速愈，因心至专诚，故能灭除宿世恶业也。倘不如是放下一切专意念佛者，如寿已尽决定不能往生，因自己专求病愈不求往生，无由往生故。如寿未尽，因其一心希望病愈，妄生忧怖，不惟不能速愈，反更增加病苦耳。

病未重时，亦可服药，但仍须精进念佛，勿作服药愈病之想。病既重时，可以不服药也。余昔卧病石室：有劝延医服药者，说偈谢云："阿弥陀佛，无上医王，舍此不求，是谓痴狂。一句弥陀，阿咖陀药，舍此不服，是谓不错。"因平日既信净土法门，谆谆为人讲说。今自患病，何反舍此而求医药，可不谓为痴狂大错耶！

若病重时，痛苦甚剧者，切勿惊惶。因此病苦，乃宿世业障。或亦是转未来三途恶道之苦，于今生轻受，以速了偿也。

自己所有衣服诸物，宜于病重之时，即施他人。若依《地藏菩萨本愿经》《如来赞叹品》所言供养经像等，则弥善矣。

若病重时，神识犹清，应请善知识为之说法，尽力安慰。举病者今生所修善业，一一详言而赞叹之，令病者心生欢喜，无有疑虑。自知命终之后，承斯善业，决定生西。

第三章　临终时

临终之际，切勿询问遗嘱，亦勿闲谈杂话。恐彼牵动爱情，贪恋世间，有碍往生耳。若欲留遗嘱者，应于康健时书写，付人保藏。

倘自言欲沐浴更衣者，则可顺其所欲而试为之。若言不欲，或噤口不能言者，皆不须强为。因常人命终之前，身体不免痛苦。倘强为移动沐浴更衣，则痛苦将更加剧。世有发愿生西之人，临终为眷属等移动扰乱，破坏其正念，遂致不能往生者，甚多甚多。又有临终可生善道，乃为他人误触，遂起瞋心，而牵入恶道者，如经所载阿耆达王死堕蛇身，岂不可畏。

临终时，或坐或卧，皆随其意，未宜勉强。若自觉气力衰弱者，尽可卧床，勿求好看勉力坐起。卧时，本皮面西右胁侧卧。若因身体痛苦，改为仰卧，或面东左胁侧卧者，亦任其自然，不可强制。

大众助念佛时，应请阿弥陀佛接引像，供于病人卧室，令彼瞩视。

助念之人，多少不拘。人多者，宜轮班念，相续不断。或念六字，或念四字，或快或慢，皆须预问病人，随其平日习惯及好乐者念之，病人乃能相随默念。今见助念者皆随己意，不问病人，既已违其平日习惯及好乐，何能相随默念。余愿自今以后，凡任助念者，于此一事切宜留意。

又寻常助念者，皆用引磬小木鱼。以余经验言之，神经衰弱者，病时甚畏引磬及小木鱼声，因其声尖锐，刺激神经，反令心神不宁。若依余意，应免除引磬小木鱼，仅用音声助念，最为妥当。或改为大钟大磬大木鱼，其声宏壮，闻者能起肃敬之念，实胜于引磬小木鱼也。但人之所好，各有不同。此事必须预先向病人详细问明，随其所好而试行之。或有未宜，尽可随时改变，万勿固执。

第四章　命终后一日

既已命终，最切要者，不可急忙移动。虽身染便秽，亦勿即为洗涤。必须经过八小时后，乃能浴身更衣。常人皆不注意此事，而最要紧。惟望广劝同人，依此谨慎行之。

命终前后，家人万不可哭。哭有何益，能尽力帮助念佛乃于亡者有实益耳。若必欲哭者，须俟命终八小时后。

顶门温暖之说，虽有所据，然亦不可固执。但能平日信愿真切，临终正念分明者，即可证其往生。

命终之后，念佛已毕，即锁房门。深防他人入内，误触亡者。必须经过八小时后，乃能浴身更衣。（前文已言，今再谆嘱，切记切记。）因八小时内若移动者，亡人虽不能言，亦觉痛苦。

八小时后著衣，若手足关节硬，不能转动者，应以热水淋洗。用布揽热水，围于臂肘膝弯。不久即可活动，有如生人。

殓衣宜用旧物，不用新者。其新衣应布施他人，能令亡者获福。

不宜用好棺木，亦不宜做大坟。此等奢侈事，皆不利于亡人。

第五章　荐亡等事

七七日内，欲延僧众荐亡，以念佛为主。若诵经拜忏焰口水陆等事，虽有不可思议功德，然现今僧众视为具文，敷衍了事，不能如法，罕有实益。印光法师文钞中屡斥诫之，谓其惟属场面，徒作虚套。若专念佛，则人人能念，最为切实，能获莫大之利矣。

如请僧众念佛时，家属亦应随念。但女众宜在自室或布帐之内，免生讥议。

凡念佛等一切功德，皆宜回向普及法界众生，则其功德乃能广大，而亡者所获利益亦更因之增长。

开吊时，宜用素斋，万勿用荤，致杀害生命，大不利于亡人。

出丧仪文，切勿铺张。毋图生者好看，应为亡者惜福也。

七七以后，亦应常行追荐，以尽孝思。莲池大师谓年中常须追荐先亡。不得谓已得解脱，遂不举行耳。

第六章　劝请发起临终助念会

此事最为切要。应于城乡各地，多多设立。《饬终津梁》中有详细章程，宜检阅之。

第七章　结 语

残年将尽，不久即是腊月三十日，为一年最后。若未将钱财预备稳妥，则债主纷来，如何抵挡。吾人临命终时，乃是一生之腊月三十日，为人生最后。若未将往生资粮预备稳妥，必致手忙脚乱呼爷叫娘，多生恶业一齐现前，如何摆脱。临终虽恃他人助念，诸事如法。但自己亦须平日修持，乃可临终自在。奉劝诸仁者，总要及早预备才好。

（选自《晚晴老人讲演录》1943年版）

扫一扫，
收听有声版♫

老

——棕榈轩詹言之十六

王 力

什么是老？这要看人的寿命而定。假使一般人都能像彭祖寿到八百岁，那么，四百岁也不该称老。唐以五十五为老，可见中国越来越不长寿了。幸亏近年来大家讲究卫生，提倡体育，将来即使寿不到八百，至少，二三百岁是有希望的。现代人反对复古，我想这种复古谈是不被反对的罢。

我三十九岁在越南，被一个越南人称为“老”，至今还在生气。现在仔细一想，也许他们真的老人太少了，所以才把四十岁以上认为老的等级。我们中国人的观念也差不了多少，所以能活上五十岁就可以称为“享寿”；五十岁以上的人自己也喜欢退休，甘心享受子孙们的豢养。

一个人为什么觉得自己老了？这有生理上的原因，同时也有心理上的原因。韩愈祭十二郎文里说：“吾年未四十，而视茫茫，而发苍苍，而齿牙动摇。”这种未老先衰的人，怎能不觉得老境已经到达了呢？但是，除此之外，逐有一个最大的原因，就是早婚。中国人三十岁就可能有孙子，五十岁便可能有曾孙。等到儿孙满膝的时候，那怕你头上没有一根白发，身体强壮得像一条牛，你总得承认你是老了！世上没有不老的祖父和祖母，更没有不老的曾祖和曾祖母啊！即使你是一个独身主义者，你仍旧可以看见你的弟弟妹妹生孙子，甚至看见你的侄儿侄女儿生孙子，而你还是一个未满五十岁的“中年人（依照西洋的说法）”。祖父既不能不认老，祖父的哥哥更不能不认老；外公既不能不认老，外公的姊姊更不能不认老啊！

我的一位朋友有一首三十自寿诗，其中有一句说：“勉磨圭角入中年。”中年就该磨去圭角，老年岂不该像一只皮球？事实上，中国的“皮球人”很多；至于到了什么年龄才肯“勉磨圭角”，那是因人而异的。有些人，直到白发满头，皱纹满脸，仍旧是“此老倔强犹昔”。这种人是白白活了一辈子，他们永远与富贵无缘。自己得不到享受，固然是活该，然而连累到子孙翻不得身，却也太对不起祖宗了。为了避免“老悖不念子孙”的罪名，许多老年人只好乖乖地做一个“皮球人”！

“老去悲秋强自宽”，这种腐败思想应该不让它再存在革命民族的心里了罢。我们应该计划一百二十年的长寿，六十岁只算一半的历程，四十岁更只是三分之一。既不知“老去”，就不必“悲秋”；既不“悲秋”，就无所谓“强自宽”了。老骥伏枥，志在千里。我以为志在千里的骏马决不自认为“老骥”，因为有了这“老”之一念就决不能志在千里。有一个六十岁的人自称为“老少年”，我以为这还不够：“少年”可矣，何必曰“老”！

一九四四年十一月廿一日昆明《中央日报》增刊

（选自《龙虫并雕斋琐语》，中国社会科学出版社1982年版）

中 年

扫一扫，
♫ 收听有声版

梁实秋

钟表上的时针是在慢慢的移动着的，移动的如此之慢，使你几乎不感觉到它的移动，人的年纪也是这样的，一年又一年，总有一天会蓦然一惊，已经到了中年，到这时候大概有两件事使你不能不注意。讣闻不断的来，有些性急的朋友已经先走一步，很煞风景，同时又会忽然觉得一大批一大批的青年小伙子在眼前出现，从前也不知是在什么地方藏着的，如今一齐在你眼前摇幌，磕头碰脑的尽是些昂然阔步满面春风的角色，都像是要去吃喜酒的样子。自己的伙伴一个个的都入蛰了，把世界交给了青年人。所谓“耳畔频闻故人死，眼前但见少年多，”正是一般人中年的写照。

从前杂志背面常有“韦廉士红色补丸”的广告，画着一个憔悴的人，弓着身子，手拊在腰上，旁边注着“图中寓意”四字。那寓意对于青年人是相当深奥的。于是这幅图画却常在一般中年人的脑里涌现，虽然他不一定想吃“红色补丸”，那点寓意他是明白的了。一根黄松的柱子，都有弯曲倾斜的时候，何况是二十六块碎骨头拼凑成是一条脊椎？年青人没有不好照镜子的，在店铺的大玻璃窗前照一下都是好的，总觉得大致上还有几分姿色。这顾影自怜的习惯逐渐消失，以至于有一天偶然揽镜，突然发现额上刻了横纹，那线条是显明而有力，像是吴道子的“莼菜描”，心想那是抬头纹，可是低头也还是那样。再一细看头顶上的头发有搬家到腮旁颔下的趋势，而最令人怵目惊心的是，鬓角上发现几根白发，这一惊非同小可，平夙一毛不拔的人到这时候也不免要狠心的把它拔去，拔毛连茹，头发根上还许带着一颗鲜亮的肉珠。但是没有用，岁月不饶人！

一般的女人到了中年，更着急。哪个年青女子不是饱满丰润得像一颗牛奶葡萄，一弹就破的样子？哪个年青女子不是玲珑矫健得像一只燕子，跳动得那么轻灵？到了中年，全变了。曲线都还存在，但满不是那么回事，该凹入的部分变成了凸出，该凸出的部分变成了凹入，牛奶葡萄要变成为金丝蜜枣，燕子要变鹌鹑。最暴露在外面的是一张脸，从“鱼尾”起皱纹撒出一面网，纵横辐辏，疏而不漏，把脸逐渐织成一幅铁路线最发达的地图，脸上的皱纹已经不是熨斗所能烫得平的，同时也不知怎么在皱纹之外还常常加上那么多的苍蝇屎。所以脂粉不可少。除非粪土之墙，没有不可圬的道理。在原有的一张脸上再罩上一张脸，本是最简便的事。不过在上妆之前下妆之后容易令人联想起聊斋志异的那一篇

“画皮”而已。女人的肉好像最禁不起地心的吸力，一到中年便一齐松懈下来往下堆摊，成堆的肉挂在脸上，挂在腰边，挂在踝际。听说有许多西洋女子用赶面杖似的一根棒子早晚混身乱搓，希望把浮肿的肉压得结实一点，又有些人干脆忌食脂肪忌食淀粉，扎紧裤带，活生生的把自己“饿”回青春去。有多少效果，我不知道。

别以为人到中年，就算完事。不。譬如登临，人到中年像是攀跻到了最高峰。回头看看，一串串的小伙子正在“头也不回呀汗也不揩”的往上爬。再仔细看看，路上有好多块绊脚石，曾把自己磕碰得鼻青脸肿，有好多处陷阱，使自己做了若干年的井底蛙。回想从前，自己做过扑灯蛾，惹火焚身，自己做过撞窗户纸的苍蝇，一心想奔光明，结果落在粘苍蝇的胶纸上！这种种景象的观察，只有站在最高峰上才有可能。向前看，前面是下坡路，好走得多。

施耐庵《水浒》序云：“人生三十未娶，不应再娶；四十未仕，不应再仕。”其实“娶”“仕”都是小事，不娶不仕也罢，只是这种说法有点中途弃权的意味，西谚云：“人的生活在四十才开始。”好像四十以前，不过是几出配戏，好戏都在后面。我想这与健康有关。吃窝头米糕长大的人，拖到中年就算不易，生命力已经蒸发殆尽。这样的人焉能再娶？何必再仕？服“维他赐保命”都嫌来不及了。我看见过一些得天独厚的男男女女，年青的时候愣头愣脑的，浓眉大眼，生僵挺硬，像是一些又青又涩的毛桃子，上面还带着挺长的一层毛。他们是未经琢磨过的璞石。可是到了中年，他们变得润泽了，容光焕发，脚底下像是有了弹簧，一看就知道是内容充实的。他们的生活像是在饮窖藏多年的陈酿，浓而芳冽！对于他们，中年没有悲哀。

四十开始生活，不算晚，问题在“生活”二字如何诠释。如要年届不惑，再学习溜冰踢毽子放风筝，“偷闲学少年”，那自然有如秋行春令，有点勉强。半老徐娘，留着“刘海”，躲在茅房里穿高跟鞋当做踩高跷般的练习走路，那也是惨事。中年的妙趣，在于相当的认识人生，认识自己，从而作自己所能作的事，享受自己所能享受的生活。科班的童伶宜于唱全本的大武戏，中年的演员才能担得起大出的轴子戏，只因他到中年才能真懂得戏的内容。

（选自《雅舍小品》，碧辉出版公司版）

病

扫一扫，
♫ 收听有声版

梁实秋

鲁迅曾幻想到吐半口血扶两个丫鬟到阶前看秋海棠，以为那是雅事。其实天下雅事尽多，惟有生病不能算雅。没有福分扶丫鬟看秋海棠的人，当然觉得那是可羡的，但是加上“吐半口血”这样一个条件，那可羡的情形也就不怎样可羡，似乎还不如独自一个硬硬朗朗到菜圃看一畦萝卜白菜。

最近看见有人写文章，女人怀孕写做“生理变态”，我觉得这人倒有点“心理变态”。病才是生理变态。病人的一张脸就够瞧的，有的黄得像讣闻纸，有的青得像新出土的古铜器，比髑髅多一张皮，比面具多几个眨眼。病是变态，由活人变成死人的一条必经之路。因为病是变态，所以病是丑的。西子捧心蹙颦，人以为美，我想这也是私人癖好，想想海上还有逐臭之夫，这也就不足为奇。

我由于一场病，在医院住了很久。我觉得我们中国人最不适宜于住医院。在不病的时候，每个人在家里都可以做土皇帝，佣仆不消说是用钱雇来的奴隶，妻子只是供膳宿的奴隶，父母是志愿的奴隶，平日养尊处优惯了，一旦他老人家欠安违和，抬进医院，恨不得把整个的家（连厨房在内）都搬进去！病人到了医院，就好像是到了自己的别墅似的，忽而买西瓜，忽而冲藕粉，忽而打洗脸水，忽而灌暖水壶。与其说医院家庭化，毋宁说医院旅馆化，最像旅馆的一点，便是人声嘈杂，四号病人快要咽气，这并不妨碍五号病房的客人的高谈阔论；六号病人刚吞下两包安眠药，这也不能阻止七号病房里扯着嗓子喊黄嫂。医院是生与死的决斗场，呻吟号啕以及欢呼叫嚣之声，当然都是人情之所不能已，圣人弗禁；所苦者是把医院当做养病之所的人。

但是有一次我对于我隔壁病房所发的声音，是能加以原谅的。是夜半，是女人声音，先是摇铃随后是喊“小姐”，然后一声铃间一声喊，由元板到流水板，愈来愈促，愈来愈高，我想医院里的人除了住了太平间的之外大概谁都听到了，然而没有人送给她所要用的那件东西。呼声渐变成嚎声，情急渐变成哀恳，等到那件东西等因奉此的辗转送到时，已经过了时效，不复成为有用的了。

旧式讣闻喜用“寿终正寝”字样，不是没有道理的。在家里养病，除了病不容易治好之外，不会为病以外的事情着急。如果病重不治必须寿终，则寿终正寝是值得提出来傲人的一件事，表示死者死得舒服。

人在大病时，人生观都要改变。我在奄奄一息的时候，就感觉得人生无常，对一切不免要多加一些宽恕，例如对于一个冒领米贴的人，平时绝不稍予假借，但在自己连打几次强心针之后，再看着那个人贸贸然来，也就不禁心软，认为他究竟也还可以算做一个圆颅方趾的人。鲁迅死前遗言“不饶恕人，也不求人饶恕。”那种态度当然也可备一格。不似鲁迅那般伟大的人，便在体力不济时和人类容易妥协。我僵卧了许多天之后，看着每个人都有人性，觉得这世界还是可留恋的。不过我在体温脉搏都快恢复正常时，又故态复萌，眼睛里揉不进沙子了。

弱者才需要同情，同情要在人弱时施给，才能容易使人认识那份同情，一个人病得吃东西都需要喂的时候，如果有人来探视，那一点同情就像甘露滴在干土上一般，立刻被吸收了进去。病人会觉得人类当中彼此还有联系，人对人究竟比兽对人要温和得多。不过探视病人是一种艺术，和新闻记者的访问不同，和吊丧又不同，我最近一次病，病情相当曲折，叙述起来要半小时，如用欧化语体来说半小时还不够。而来看我的人是如此诚恳，问起我的病状便不能不详为报告，而讲述到三十次以上时，便感觉像一位老教授年年在讲台上开话匣片子那样单调而且惭愧。我的办法是，对于远路来的人我讲得要稍微扩大一些，而且要强调病的危险，为的是叫他感觉此行不虚，不使过于失望。对于邻近的朋友们则不免一切从简诸希矜宥！有些异常热心的人，如果不给我一点什么帮助，一定不肯走开，即使走开也一定不会愉快，我为使他愉快起见，口虽不渴也要请他倒过一杯水来，自己做“扶起娇无力”状。有些道貌岸然的朋友，看见我就要脱离苦海，不免悟出许多佛门大道理，脸上愈发严重，一言不发，愁眉苦脸，对于这朋友我将来特别要借重，因为我想他于探病之处还适于守尸。

（选自《雅舍小品》，碧辉出版公司版）

孟婆茶

——（胡思乱想代序）

扫一扫，

♫ 收听有声版

杨 绛

我登上一列露天的火车，但不是车，因为不在地上走；像筏，却又不在水上行；像飞机，却没有机舱，而且是一长列；看来像一条自动化的传送带，很长很长，两侧设有栏干，载满乘客，在云海里驰行。我随着队伍上去的时候，随手领到一个对号入座的牌子，可是牌上的字码几经擦改，看不清楚了。我按着模糊的号码前后找去：一处是教师座，都满了，没我的位子；一处是作家座，也满了，没我的位子；一处是翻译者的座，标着英、法、德、日、西等国名，我找了几处，都没有我的位子。传送带上有好多穿灰色制服的管事员。一个管事员就来问我是不是“尾巴”

上的，“尾巴”上没有定座。可是我手里却拿着个座牌呢。他要去查对簿子。另一个管事员说，算了，一会儿就到了。他们在传送带的横侧放下一只凳子，请我坐下。

我找座的时候碰到些熟人，可是正忙着对号，传送带又不停的运转，行动不便，没来得及交谈。我坐定了才看到四周秩序井然，不敢再乱跑找人。往前看去，只见灰蒙蒙一片昏黑。后面云雾里隐隐半轮红日，好像刚从东方升起，又好像正向西方下沉，可是升又不升，落也不落，老是昏腾腾一团红晕。管事员对着手拿的扩音器只顾喊“往前看！往前看！”他们大多凭栏站在传送带两侧。

我悄悄向近旁一个穿灰制服的请教：我们是在什么地方。他笑说：“老太太翻了一个大跟斗，还没醒呢！这是西方路上。”他向后指点说：“那边是红尘世界，咱们正往西去。”说罢也喊“往前看！往前看！”因为好些乘客频频回头，频频拭泪。

我又问：“咱们是往哪儿去呀？”

他不理睬，只用扩音器向乘客广播：“乘客们做好准备，前一站是孟婆店；孟婆店快到了，请做好准备！”

前前后后传来纷纷议论。

“哦！上孟婆店喝茶去！”

孟婆茶可喝不得呀！喝一杯，什么事都忘得一干二净了。”

“瞎！喝它一杯孟婆茶，一了百了！”

“我可不喝！多大的浪费啊！一杯茶冲掉了一辈子的经验，一辈子不都是白活了？”

“你还想抱住你那套宝贵的经验，再活一辈子吗？”

“反正我不喝！”

“反正也由不得你！”

管事员大概听惯这类议论。有一个就用扩音器耐心介绍孟婆店。

“‘孟婆店’是习惯的名称，现在叫‘孟大姐茶楼’。孟大姐是最民主的，喝茶决不勉强。孟大姐茶楼是一座现代化大楼。楼下茶座只供清茶；清茶也许苦些。不爱喝清茶，可以上楼。楼上有各种茶；牛奶红茶，柠檬红茶，薄荷凉茶，玫瑰茄凉茶，应有尽有；还备有各色茶食，可以随意取用。哪位对过去一生有什么意见、什么问题、什么要求、什么建议，上楼去，可分别向各负责部门提出，一一登记。那儿还有电视室，指头一按，就能看自己过去的一辈子——各位不必顾虑，电视室是隔离的，不是公演。”

这话激起哄然笑声。

“平生不作亏心事，我的一生，不妨公演。”这是豪言壮语。

“得有观众欣赏呀！除了你自己，还得有别人爱看啊！”这是个冷冷的声音。

扩音器里继续在讲解：

“茶楼不是娱乐场，看电视是请喝茶的意思。因为不等看完，就渴不及待，急着要喝茶了。”

我悄悄问近旁那个穿制服的：“为什么？”

他微微一笑说：“你自己瞧瞧去。”

我说，我喝清茶，不上楼。

他诧怪说：“谁都上楼，看看热闹也好啊。”

“看完了可以再下楼喝茶吗？”

“不用，楼上现成有茶，清茶也有，上去就不再下楼了——只上，不下。”

我忙问：“上楼往哪儿去？不上楼又哪儿去？”

他鼻子里哼了一声说：“我只随着这道带子转，不知到哪里去。你不上楼，得早作准备。楼下只停一忽儿，错过就上楼了。”

“准备什么？”

“得轻装，不准夹带私货。”

我前后扫了一眼说：“谁还带行李吗？”

他说：“行李当然带不了，可是，身上、头里、心里、肚里都不准夹带私货。上楼去的呢，提意见啊，提问题啊，提要求啊，提完了，撩不开的也都撩下了。你是想不上楼去呀。”

我笑说：“喝一杯清茶，不都化了吗？”

他说：“这儿的茶，只管忘记，不管化。上楼的不用检查。楼下，喝完茶就离站了，夹带着私货过不了关。”

他话犹未了，传送带已开进孟婆店。楼下阴沉沉、冷清清；楼上却灯光明亮，热闹非常。那道传送带好像就要往上开去。我赶忙跨出栏干，往下就跳。只觉头重脚轻，一跳，头落在枕上，睁眼一看，原来安然躺在床上，耳朵里还能听到“夹带私货过不了关”。

好吧，我夹带着好些私货呢，得及早清理。

一九八三年十月底

（选自《将饮茶》，三联书店1987年版）

扫一扫，
收听有声版♫

霞

冰 心

四十年代初期，我在重庆郊外歌乐山闲居的时候，曾看到英文《读者文摘》上，有个很使我惊心的句子，是：

May there be enough clouds in your life to make a beautiful sunset.

我在一篇短文里曾把它译成“愿你的生命中有够多的云翳，来造成一个美丽的黄昏。”

其实，这个 sunset 应当译成“落照”或“落霞”。

霞，是我的老朋友了！我童年在海边、在山上，她是我的最熟悉最美丽的小伙伴。她每早每晚都在光明中和我说“早上好”或“明天见”。但我直到几十年以后，才体会到云彩更多，霞光才愈美丽。从云翳中外露的霞光，才是璀灿多彩的。

生命中不是只有快乐，也不是只有痛苦，快乐和痛苦是相生相成，互相衬托的。

快乐是一抹微云，痛苦是压城的乌云，这不同的云彩，在你生命的天边重叠着，在“夕阳无限好”的时候，就给你造成一个美丽的黄昏。

一个生命会到了“只是近黄昏”的时节，落霞也许会使人留恋，惆怅，但人类的生命是永不止息的。地球不停地绕得太阳自转。东方不亮西方亮，我窗前的晚霞，正向美国东岸的慰冰湖上走去……

一九八五年四月廿六日清晨

（选自万叶散文丛刊《霞》，人民日报出版社1986年版）

编辑附记

本套“漫说文化丛书”由陈平原、钱理群、黄子平教授分别编选。

为了尊重原作，除了个别标点及明显的排印错误外，本丛书的一些习惯用法及其措辞均依旧原文排印，其中个别不符合当下习惯者，请读者谅解。

另外，其中有部分选文的作者出版方暂时联系不到，此部分稿酬暂存出版方。敬请有关作者看到后与我们联系，届时将按地址奉呈稿酬。

著者简介

冰　心 ◎ 1900 — 1999

福建长乐人，原名为谢婉莹，笔名冰心取"一片冰心在玉壶"之意。被称为"世纪老人"。现代著名女作家、儿童文学家、诗人、翻译家，她歌颂母爱、童真、自然。非常爱小孩，把小孩看作"最神圣的人"。

代表作品丨《繁星》《春水》《寄小读者》等。

许地山 ◎ 1893 — 1941

名赞堃，字地山，笔名落华生。出生于台湾台南，成长于闽粤两地。

现代文学史上一位别具一格的小说家、散文家，在学术研究上亦颇有建树。许地山一生创作的文学作品多以闽、台、粤和东南亚、印度为背景。

代表作品丨《危巢坠简》《空山灵雨》《道教史》等。

周作人 ◎ 1885 — 1967

原名櫆寿，字星杓，后改名奎绶，自号起孟、启明、知堂等。鲁迅之弟，周建人之兄。

周作人精通日语、古希腊语、英语，并曾自学古英语、世界语。其致力于研究日本文化五十余年，深得日本文学理念的精髓。其笔触近似于日本传统文学，以温和、冲淡之笔，把玩人生的苦趣。

代表作品丨《艺术与生活》《苦竹杂记》等。

梁遇春 ◎ 1906 — 1932

笔名驭聪、秋心，福建闽侯人。

现代散文家、翻译家。师从叶公超等名师。其散文风格另辟蹊径，兼有中西方文化特色。在 26 年的人生中撰写多篇著作，被誉为"中国的伊利亚"。

代表作品丨《春醪集》《泪与笑》等。

何其芳 ◎ 1912 — 1977

重庆万州人。原名何夜芳。现代诗人、散文家、文学评论家。

他的作品虽产量不丰，但具有鲜明的个人特色及艺术价值，文字创造出一种“纯粹的柔和、纯粹的美丽”，近乎唯美主义倾向。

代表作品 | 《画梦录》《还乡日记》等。

陆　蠡 ◎ 1908 — 1942

浙江天台人。学名陆圣泉，原名陆考原，现代散文家、革命家、翻译家。

资质聪颖，童年即通诗文，有“神童”之称。 巴金认为他是一位真诚、勇敢、文如其人的作家。

代表作品 | 《海星》《竹刀》《囚绿记》等。

柯　灵 ◎ 1909 — 2000

原籍浙江绍兴市斗门镇，生于广州，原名高季琳，笔名朱梵、宋约。

当代著名作家、散文家和电影文学家。最早以散文步入文坛，其成就最大，影响最广的也是散文。他的散文将古代文人之韵风与现代作家之思察融为一体，词采飞扬、耐人咀嚼，堪称散文之大家。

代表作品 | 《龙山杂记》系列，《柯灵电影剧本选集》等。

唐　弢 ◎ 1913 — 1992

原名唐端毅，曾用笔名风子、晦庵等，生于浙江省镇海县。

著名作家、文学理论家、鲁迅研究家和文学史家。所著杂文思想、艺术均深受鲁迅影响，针砭时弊，议论激烈，有时也含抒情，意味隽永，社会性、知识性、文艺性兼顾。

代表作品 | 《推背集》《海天集》等。

冯　至 ◎ 1905 － 1993

原名冯承植，直隶涿州人。

诗人，翻译家，教授。冯至的诗歌、小说与散文均十分出色，鲁迅先生曾称誉他为“中国最为杰出的抒情诗人”。

代表作品丨《昨日之歌》《十四行集》等。

宋云彬 ◎ 1897 － 1979

著名文史学者、杂文家，浙江海宁人。

早年只读过两年中学，一贯勤奋自学，在长期编辑工作中深入钻研，终成名家。他的许多著作深入浅出，思想性、知识性、趣味性兼备，被称为“大专家写的普及读物”。

代表作品丨《东汉之宗教》《红尘冷眼》等。

萧　乾 ◎ 1910 － 1999

原名萧秉乾、萧炳乾。北京人，蒙古族。

著名作家、记者和翻译家。1935 年毕业于燕京大学。曾任职于《大公报》，采访过欧洲战场、联合国成立大会、波茨坦会议、纽伦堡战犯审判。晚年写出了三百多万字的回忆录、散文、特写、随笔及译作。

代表作品丨《篱下集》《梦之谷》《人生采访》等。

胡　适 ◎ 1891 － 1962

学者、诗人。安徽徽州绩溪人，倡导“白话文”，领导新文化运动。

幼年，在家乡私塾读书，深受程朱理学影响。求学美国时，师从约翰·杜威，回国后，宣扬思想自由，信奉实用主义哲学。

宽容与自由，是其作品中的两大主旋律。

代表作品丨《中国哲学史大纲》《尝试集》等。

鲁　迅 ◎ 1881 — 1936

浙江省绍兴人。原名周树人，字豫才，小名樟寿，至三十八岁，始用鲁迅为笔名。

文学家、思想家。1918 年发表首篇白话小说《狂人日记》，震动文坛。此后 18 年，笔耕不缀，在小说、散文、杂文、散文诗、旧体诗、外国文学翻译及古籍校勘等方面贡献卓著，创作的众多文学形象深入人心。他的作品有不朽的魅力，直到今天，依然拥有众多读者。

代表作品 | 《朝花夕拾》《呐喊》《彷徨》等。

茅　盾 ◎ 1896 — 1981

原名沈德鸿，字雁冰，浙江嘉兴桐乡人。

中国现代著名作家、文学评论家、文化活动家和社会活动家，五四新文化运动先驱者之一。茅盾用一支笔描绘出旧中国人们的生存状态，塑造出一个个栩栩如生的人物形象，真实再现了历史变革时期的社会风貌。他临终前将 25 万元稿费捐出设立文学奖，是我国长篇小说创作最具影响力的奖项之一。

代表作品 | 《子夜》《风景谈》等。

叶圣陶 ◎ 1894 — 1988

原名叶绍钧，字秉臣，后字圣陶。江苏苏州人。著名作家、教育家、文学出版家和社会活动家，有“优秀的语言艺术家”之称。

他的散文或写世抒情，或状物记人，或议事说理，一般都有较为深厚的社会人生内容和脚踏实地的精神；艺术上则主要显示出平淡隽永的情趣和平朴纯净的语言风格。

代表作品 | 《隔膜》《脚步集》等。

夏丏尊 ◎ 1886 — 1946

浙江绍兴上虞人。名铸，字勉旃，后改字丏尊，号闷庵。

文学家、语文学家、出版家和翻译家。开明书社创办人之一，创办《中学生》杂志。一生致力于教育，矢志不渝。曾与鲁迅先生等参加反对尊孔复古的“木瓜之役”。

代表作品 | 《白马湖之冬》《文艺论 ABC》等。

芦　焚 ◎ 1910 — 1988

原名王长简，又名师陀，笔名芦焚，作家，生于河南杞县。

他的作品充满了对黑暗旧世界的厌恶，文笔优雅、口语犀利、生动活泼，在国内外享有较高的声誉。

代表作品 | 《谷》《果园城记》《荒野》等。

袁　鹰 ◎ 1924 —

原名田钟洛，当代著名作家、诗人、儿童文学家、散文家。

代表作品 | 《白杨》《筏子》等。

廖沫沙 ◎ 1907 — 1991

原名廖家权，笔名繁星，湖南长沙人，著名作家，杂文家。

代表作品 | 《鹿马传》《分阴集》等。

周瘦鹃 ◎ 1895 — 1968

名祖福，字国贤，江苏苏州人。现代作家，文学翻译家。

曾在上海历任中华书局、《申报》、《新闻报》等单位的编辑和撰稿人，其间主编《申报》副刊达十余年之久。还主编过《礼拜六》、《紫罗兰》、《半月》、《乐观月刊》等刊。1949 年后，一边写作，一边从事园艺工作。

代表作品 | 《亡国奴日记》《祖国之徽》等。

李健吾 ◎ 1906 — 1982

山西运城人。现代作家、戏剧家、翻译家、文学批评家，笔名刘西渭。

中国现代五大评论家之一，国内最早从事法国文学研究的学者之一，译有莫里哀、托尔斯泰、高尔基、屠格涅夫等名家的作品，并有研究专著问世。

代表作品 | 《雨中登泰山》《草莽》等。

秦　牧 ◎ 1919 — 1992

广东省澄海县人。现代作家。

20 世纪 30 年代末开始发表作品。写作范围颇广，但以散文为主。他的文章摇曳多姿，光彩照人。艺术特征鲜明，风格独具，与众不同。秦牧散文特点之一，是言近旨远，哲理性强。

代表作品 | 《土地》《长河浪花集》等。

梁启超 ◎ 1873 — 1929

字卓如，一字任甫，号任公，又号饮冰室主人、饮冰子、哀时客、中国之新民、自由斋主人。清朝光绪年间举人，中国近代思想家、政治家、教育家、史学家、文学家。戊戌变法（百日维新）领袖之一、中国近代维新派、新法家代表人物。

代表作品 | 《中国近三百年学术史》、《中国历史研究法》

陈天华 ◎ 1875 — 1905

原名显宿，字星台，亦字过庭，别号思黄，湖南新化人，华兴会创始人之一，中国同盟会会员，清末的革命烈士。是辛亥革命时期杰出的鼓动家和宣传家。所著《猛回头》和《警世钟》成为当时宣传革命的号角和警钟。

代表作品 | 《猛回头》《绝命书》等。

宋教仁 ◎ 1882 — 1913

字钝初，号渔父，湖南常德市桃源人。民主革命先行者，与黄兴、孙中山并称，主持国民党第一次改组。

代表作品 |《宋教仁集》、《宋渔父日记》等。

瞿秋白 ◎ 1899 — 1935

江苏常州人，中国现代文学家、中国共产党早期主要领导人之一。

代表作品 |《赤都心史》《饿乡纪程》《多余的话》等。

陈独秀 ◎ 1879 — 1942

原名庆同，官名乾生，字仲甫，号实庵，安徽怀宁（今安庆）人。

《新青年》杂志创始人、“新文化运动”发起者和领导者、“五四运动”主要领导人、中共创始人之一。他是杰出的政论家，其政论文章汪洋恣肆、尖锐犀利，《敬告青年》等很多篇章是中国近现代历史上少有的、杰出的代表作，晚年进行的文字学研究。

代表作品 |《敬告青年》《辩护状》等。

李大钊 ◎ 1889 — 1927

字守常，河北乐亭人。中国共产党创始人之一，同时也是一位诗人。早期诗作多发表在《言治月刊》和《言治季刊》上，1918 年后的新诗发表在《新青年》和《少年中国》上。他的诗文，既是“革命史上的丰碑”（鲁迅语），也是文学史上的宝贵文献。

代表作品 |《我的马克思主义观》《庶民的胜利》等。

徐志摩 ◎ 1897 — 1931

浙江海宁人，原名章垿，字槱森，小字又申，赴美留学前改名志摩。

现代诗人、散文家，新月社发起人之一，曾任北大教授。

除在新诗方面取得卓越成就外，文学创作还涉猎散文、小说、戏剧、翻译等领域。

代表作品 | 《再别康桥》《翡冷翠的一夜》等。

郁达夫 ◎ 1896 — 1945

原名郁文，字达夫，幼名阿凤，浙江富阳人。

中国现代著名小说家、散文家、诗人。他在文学上主张“文学作品，都是作家的自叙传”，具有浓厚的浪漫主义倾向。

代表作品 | 《沉沦》《故都的秋》《春风沉醉的晚上》等。

靳　以 ◎ 1909 — 1959

现代著名作家，原名章方叙，天津人。

20 世纪 30 年代写了许多反映小市民和知识分子生活，描写青年男女生活和爱情的小说。40年代目睹国民党破坏抗战，思想感情发生变化，作品中出现革命的倾向。新中国成立后热情参加文化建设工作和各项政治活动。一生共有各种著作 30 余部。

代表作品 | 《血与火花》《洪流》等。

聂绀弩 ◎ 1903 — 1986

著名诗人、散文家。原名聂国棪，湖北京山人。

在杂文、旧题诗创作和古典文学研究方面成就尤为卓著。他是中国现代杂文史上继鲁迅、瞿秋白之后，在杂文创作上成绩卓著、影响很大的战斗杂文大家。其风格汪洋恣睢、用笔酣畅、反复驳难、淋漓尽致，在雄辩中时时呈现出俏皮。

代表作品 | 《血书》《寸磔纸老虎》等。

赵丽宏 ◎ 1952 —

生于上海，作家、散文家、诗人。

代表作品 | 《珊瑚》《云中谁寄锦书来》等。

丰子恺 ◎ 1898 — 1975

浙江嘉兴石门镇人。原名丰润，又名仁、仍，号子觊，后改为子恺，笔名 TK，以中西融合画法创作漫画而著名。

其自幼爱好美术，后师从李叔同，也因此结缘佛学，故乡居所命名“缘缘堂”。“一片片的落英，都含蓄着人间的情味。”（俞平伯评）

代表作品 | 《缘缘堂随笔》《画中有诗》等。

俞平伯 ◎ 1900 — 1990

原名俞铭衡，浙江德清人。清代朴学大师俞樾曾孙。

现代诗人、作家、红学家。与胡适并称“新红学派”的创始人。俞平伯出身名门，早年以新诗人、散文家享誉文坛。

代表作品 | 《桨声灯影里的秦淮河》《陶然亭的雪》《西湖的六月十八夜》等。

林语堂 ◎ 1895 — 1976

福建龙溪（漳州）人，原名和乐，后改玉堂，又改语堂。

一代国学大师，现代著名作家、学者、翻译家、语言学家。曾多次获得诺贝尔文学奖提名的中国作家。将孔孟老庄哲学和陶渊明、李白、苏东坡、曹雪芹等人的文学作品英译推介海外，是第一位以英文书写扬名海外的中国作家。

代表作品 | 《京华烟云》《吾国与吾民》《生活的艺术》等。

叶灵凤 ◎ 1905 — 1975

江苏南京人。原名叶蕴璞，笔名叶林丰、霜崖等。

现代著名作家、翻译家、出版家和藏书家，作品及趣味带有显著海派风格。前半生以小说知名于文坛，是新感觉派阵营一员。后半生在香港着力经营随笔小品，成就斐然。他是有名的藏书家，尝自称枵腹读书的书痴、爱书过溺的“书淫”。

代表作品 |《书淫艳异录》《香港方物志》等。

苏雪林 ◎ 1897 — 1999

出生于浙江省瑞安县县丞衙门里，她一生从事教育，先后在东吴大学、沪江大学、武汉大学任教。后到台湾师范大学、成功大学任教。

代表作品 |《青鸟集》《屠龙集》等。

弘一法师 ◎ 1880 — 1942

俗名李叔同，字息霜，别号漱筒。祖籍浙江平湖，生于天津。

一生 63 载，半缘艺术半缘佛。在俗 39 年，集诗、词、书画、篆刻、音乐、戏剧、文学于一身，在多个领域，开近代文化艺术之先河；在佛 24 年，是佛教律宗的第十一世祖师，享誉海内外。诸多作品经久流传，深入人心。

代表作品 |《送别》《三宝歌》等。

王　力 ◎ 1900 — 1986

字了一，广西博白人。语言学家、教育家、翻译家、散文家和诗人。

中国现代语言学的奠基人之一，师从梁启超、王国维、赵元任、陈寅恪等。

代表作品 |《汉语诗律学》《汉语史稿》等。

梁实秋 ◎ 1903 — 1987

原名梁治华，生于北京，浙江杭县（今余杭）人。笔名子佳、秋郎等。

散文家、文学批评家、翻译家，国内首个研究莎士比亚的权威，曾与鲁迅等左翼作家笔战不断。

代表作品丨《雅舍小品》《槐园梦忆》等。

杨　绛 ◎ 1911 — 2016

本名杨季康，江苏无锡人，著名文学家、翻译家、戏剧家，钱锺书夫人。

一生坚忍于知识分子的良知与操守，坚贞于伟大女性的关怀与慈爱，固守于中国传统文化的淡泊与坚韧，是丈夫口中“最贤的妻，最才的女”，被誉为“天下最有才情和风骨的女子”。

代表作品丨《干校六记》《走到人生边上》《我们仨》等。

想 象 之 外 品 质 文 字

生生死死

策　　划 | 领读文化
执行编辑 | 领读_屈美佳
责任编辑 | 孟繁强
版式设计 | 领读_蒙海星
封面设计 | 好谢翔工作室

更多品质好书关注：

官方微博 @领读文化　官方微信 | 领读文化